淡海《おうみ》文庫 59

サンライズ出版

京都新聞社 編

京近江の武将群像

目次

本書は二〇〇三年六月から二〇〇四年五月まで計四十五回にわたって京都新聞に掲載された「京近江　武将群像」を改題し、書籍化したものである。初出からの時間経過によって内容に齟齬《そご》が生じていることがあるが、新聞掲載当時の肩書きなどはそのまま記載した。ただし、旧国名や市町名については現状を括弧書きするなどし、掲載当時に挿入されていた写真などは割愛した。

なお、年齢記載や常用漢字以外のひらがな表記などについては、発行所の判断で削除または訂正していることがある。また、本書全体としての表記統一も図った。刊行にあたり、京都新聞社の格段のご厚意に感謝申し上げる。

坂上田村麻呂

758〜811

征夷大将軍として勇名

初夏の清水寺《きよみずでら》（京都市東山区）は全国からの修学旅行生や中年女性グループらでにぎわっていた。平安時代初期に征夷大将軍として勇名をはせた坂上田村麻呂《さかのうえのたむらまろ》が、延鎮《えんちん》を開基として創建したのがこの清水寺である。つい見過ごしがちだが、境内の一角にその田村麻呂を祀る重要文化財の田村堂（開山堂）がある。今年も五月二十三日には境内の成就院《じょうじゅいん》で森清範《せいはん》貫主らが田村麻呂の遺徳をしのんで開山忌の法要と献茶式を厳かに営んだ。

勇敢で情にあつい魅力的な武将だったと伝えられる田村麻呂の姿は、『田邑麻呂《たむらまろ》伝記』に「身長五尺八寸（一七六センチ）、胸の厚さ一尺二寸（三六センチ）」の偉丈夫だったと描かれている。しかも「怒りて眼を廻《めぐ》らせば猛獣も忽ち斃《たちまたお》れ、咲《わら》ひて眉《まゆ》を舒《ゆる》めば稚子《おさなご》も早《すみやか》に懐く」とある。

蝦夷征討に全力

『坂上田村麻呂』（高橋崇《たかし》著）や『田村麻呂と阿弖流為《あてるい》』（新野直吉《にいのなおよし》著）などに詳しいが、田村麻呂は武門の誉れ高い一族に生まれ、祖父の犬養《いぬかい》、父の苅田麻呂時代に大いに勢力を伸ばし、田村麻呂の時に絶頂期に達した。

言うことをきかぬ蝦夷《えみし》の「まつろわぬ民」を征服するというのは、実は古代国家の長い間の政治的課題だった。平安京を開いた桓武天皇は宮都《きゅうと》の造営と蝦夷征討の二つに全精力を注いだ天皇だったといえる。田村麻呂はその意をくんで忠臣として働き、蝦夷征討に成功した。本土統一という宿願の国家的事業を成し遂げた日本武将史の最初を飾る男といってよいだろう。

田村麻呂はすでに延暦十三（七九四）年、第二次征討戦でも四人の征夷《せいい》副使の一人として参加している。三十七歳の時だった。その時の征討軍の兵力は『日本後紀《こうき》』によると、十万人で史上最多だった。この本土軍勢の活躍に田村麻呂は大いに貢献し、朝廷から最も頼もしい武将として信頼され、同十六年には征夷大将軍《たいしょうぐん》に任命された。朝廷側の期待がうかがわれる人事だった。

東北各地にも社寺

そして延暦二十（八〇一）年、四十四歳になっていた征夷大将軍の田村麻呂は桓武天皇の命により、蝦夷征討に向けて四万の軍勢を率いて冬の京を出発した。田村麻呂による岩手県辺りでの征討戦はかなり成功したようだ。戦歴の記録は極めて乏しいが、「陸奥国《むつのくに》の蝦夷など、伐《う》ち平げ、掃き治めしむるに……田村麿に従三位《じゅさんみ》を授け」と『日本紀略』にある。大いに武功を立て十月に帰京し、官位も上がったのである。

翌年には陸奥国胆沢《いざわ》城造営に派遣され、朝廷の鎮守府は多賀城からより北方の胆沢城に移る。その四月には蝦夷の五百人が降伏、軍門に降《くだ》った首長阿弖流為（アテルイ）と副将母礼（モレ）の二人を七月、京に引き連れた。田村麻呂は「此《こ》の度は願に任せて返し入れ、其《そ》の賊類を招かん」と意見し、助命を嘆願したが、容《い》れられず二人は河内国《かわちのくに》で処刑されたと伝わる。

その北天の雄だったアテルイらを顕彰し鎮魂する碑が、九年前に清水寺の本堂近くに建立されている。石は岩手県産の御影石。岩手県の出身者らでつくる関西胆江《たんこう》同郷会や関西アテルイ顕彰会らが、力を合わせたものだ。顕彰会前会長の高橋敏男さんは「東北独自の文化と経済基盤があったから、アテルイは十数年にもわたって古代蝦夷の盟主として戦えた。アテルイの頑強な抵抗なくして田村麻呂の栄光もなかったといえる」と、アテルイの勇猛ぶりを力強くたたえている。この碑が岩手と京都、田村麻呂とアテルイという卓越した武将を結びつける記念碑といえる。

蝦夷にとっては憎むべき征服者のはずだったが、東北地方にはこの田村麻呂をたたえる社寺、観音堂や毘沙門堂《びしゃもんどう》などが非常に多い。それは武力一辺倒ではなく、降伏した部将に官位を与えてつかったり、都の養蚕《ようさん》技術を教えたり、都から僧侶を連れて教化を図ったりの対策が功を奏したと思われる。それが後々まで伝えられ、東北各地に田村麻呂の伝説と神格化という現象を残したといえる。清水寺の横山正幸学芸員は「田村麻呂の死後も、その子孫たちは蝦夷を治めていく上で活躍した。そのためには田村麻呂を美化していく必要もあったのではないか」と分析している。

称号の誉れ後世へ

鎌倉時代以降、源頼朝や足利尊氏ら天下の覇権を目指した武将たちが征夷大将軍という称号を望んだのは、この田村麻呂が蝦夷討伐に成功して征夷大将軍という称号に限りない権威や威厳、栄誉を与えたからだった。もし田村麻呂が平凡な武将だったなら、武門の頭領たちは違った称号を求めたに違いない。

田村麻呂は平安京郊外の粟田《あわた》の別宅で病に伏せ、五十四歳で死んだ。祖父や父よりも若くして死んだのは、征討の厳しさや疲れがあったのかもしれない。京都市山科区の住宅街の一角に、今も「坂上田村麻呂公園」がある。昼下がり、子どもたちが野球に興じていた。

この奥にあるのが田村麻呂の墓所である。土盛りがされ、百平方メートル以上の広さはあるだろうか。京都市の説明板には「この墓地は明治時代の平安遷都千百年祭に整備された」とある。嵯峨《さが》天皇は田村麻呂の死を悼《いた》んで一日の喪に服し、漢詩一編を贈った。勅命で田村麻呂は東の陸奥へ向かって立ったまま、甲冑《かっちゅう》、兵仗《ひょうじょう》を持ってここに埋葬されたと伝えられる。まさに死んでも生ける武将のごとくであった。

（二〇〇三年六月二日）

細川幽斎

1534〜1610

文武両道ゆく異色武将

京に生まれ育った細川幽斎《ほそかわゆうさい》（藤孝《ふじたか》）は、戦国時代を見事に生き抜いた異色の武将だった。屈指の歌人大名、京都らしい文化人武将などといわれるが、それだけではない。決断を誤れば、奈落の底に落ちるという局面が何度もあったが、幽斎は間違わなかった。幾度も危機を乗り越えた人生の達人とされるゆえんである。

さすらいの若き日

幽斎の軌跡を振り返ると、若き日はまさにさすらいの人生といってよい。『細川幽斎・忠興のすべて』（米原正義編）や『細川幽斎伝』（平湯《ひらゆ》晃《あきら》著）などに詳しいが、幽斎（幼名・万吉）は京都東山山麓（岡崎）に住む足利幕臣の三淵晴員《みつぶちはるかず》の二男として誕生した。本当の父は室町幕府十二代将軍の足利義晴という説がある。細川家支流である細川元常《もとつね》家の養子となって、将軍義藤（後に義輝）の一字をもらって藤孝として元服、足利将軍の近臣となっている。

応仁の乱以降、室町幕府の弱体化、将軍の権威の失墜は目を覆うばかりだったが、幽斎はその弱体化した室町幕府の足利将軍に従っていただけに、管領・細川晴元の横暴や戦国の奸雄《かんゆう》・三好長慶《みよしながよし》らの京都乱入などで三度にわたって将軍とともに近江・坂本や朽木《くつき》に逃げている。この時、幽斎は権力や勢力がどんなふうに強大化し、そして衰退していくのか、痛いほど知ったといえよう。その朽木にいた時は近くの神社の灯明油を盗んでまで歌学を勉強し、四カ月の滞在で二巻の歌書を暗記したという文人・幽斎らしい話が残っている。

確かに幽斎には文弱のイメージがあるが、実は力は強かった。『名将言行録』(岡谷繁実《おかのやしげざね》著)には、「牛車《ぎっしゃ》の来るのに向かって牛の角を持って押し返した」とか「竹杖《ちくじょう》を振るって暴れる男の腕をつかんでいさめ、骨を砕いた」など、幽斎の腕っぷしが相当なものであったことを記している。京都・南禅寺の天授庵に伝わる幽斎画像は聡明さや、文武両道で生きてきた自信を感じさせる容姿であり、「失意泰然、得意冷然」という言葉を思い起こさせる風貌《ふうぼう》でもある。

勝龍寺城の城主に

こうした幽斎に最初に訪れた試練、いや大きな危機は永禄八(一五六五)年のことだった。将軍の権威はすでに地に落ち、つき従っていた将軍義輝は京の二条館で悪名高い松永久秀らに暗殺されたのである。だが、悲嘆に沈むどころか、このあとの幽斎の行動は非常に政治的であり、活動的だった。柔《やわ》なインテリ武将とは言い難い策士の動きを示し、次の将軍の担ぎ出しを進めたのである。

暗殺された将軍の弟で、奈良の興福寺にいた覚慶（後の将軍義昭）を救い出し、最終的に日の出の勢いだった戦国大名・織田信長を頼ることにした。その工作は見事に成功し、信長は永禄十一（一五六八）年にこの義昭を奉じて上洛し、十五代将軍としたのだ。ところが、信長と将軍義昭の間に対立が生じて幽斎は板挟みとなった。だが、幽斎に迷いはなかったという。室町幕府と将軍義昭の元を去り、信長の家臣となる決断を下したのだ。時勢を見る目、権力の行く末を言い当てる洞察力は若いころからのさすらいのなかで鍛えられていたとしか言いようがない。そして時代は変転極まりない戦国であり、幽斎は「力がすべてだ」ということを骨身にしみて知っていたのである。

幽斎は主家となる信長から京都桂川の西の地を与えられ、勝龍寺城を堅固な城に改修した。本丸は東西百五メートル、南北七十メートルあり、鉄砲時代に対応した先駆的な城といわれた。今、長岡京市の勝龍寺城跡には勝竜寺城公園が整備され、散策路ができて市民の絶好の憩いの場となっている。勝龍寺城には丹後へ行くまで約十二年間いた。当時、多くの戦国大名は連歌《れんが》などをたしなみの一つとして愛好していた。もちろん、幽斎も合戦への参陣と、合間を縫う連歌興行などの繰り返しだった。

元亀二（一五七一）年の場合、幽斎は連歌、猿楽、能楽などの興行を楽しむ一方、山城普賢城、摂津池田城などの攻撃に参加するなど、実に忙しい一年を送っている。こうした戦いが続くなかで三条西実枝《さねき》から『古今和歌集』の解釈奥義を伝える古今伝授を受け、天正四（一五七六）年には完了している。幽斎、四十三歳の時だった。これが後に幽斎を絶体絶命の窮地から救う武器になるのである。

信長に淀の鯉贈る

もう一つ、幽斎の京都における足跡で忘れてならないのは、丹後時代だろう。細川父子は天正七（一五七九）年に明智光秀とともに、織田信長から丹波・丹後平定を命じられている。丹後の一色《いっしき》氏を一年がかりで駆逐し、信長から丹後国を与えられ、同八年八月に丹後入りしている。直ちに宮津城の築城に取りかかっているが、舞鶴の田辺城もこのころ築城を始めたようだ。丹後入りの際、幽斎は天橋立《あまのはしだて》を見て「そのかみに契《ちぎり》そめつる神代まで　かけてぞ思ふ天の橋立」と詠んでいる。

幽斎は信長からかわいがられていたようだ。信長からの進物の礼状だけで九通も残っており、他の家臣と比べても数多いという。どんなものを信長に贈っていたかというと、小袖や帷《かたびら》が多いが、淀の鯉《こい》もあり、当時は有名だったかもしれない。そしてまた幽斎に危機が訪れる。

太閤秀吉から厚い信頼

戦国時代は全国各地で国盗《と》り合戦が展開された。主家筋と重臣が刃《やいば》を交えるのはもちろん、父子が争い、兄弟が殺し合うことも少なくなかった。細川幽斎の嫡子、忠興《ただおき》は明智光秀の娘、玉(後のガラシャ夫人)をめとり、細川家と明智家は姻戚《いんせき》関係となっていた。

それ以前にも幽斎は、越前の戦国大名、朝倉義景《よしかげ》のもとで光秀と知り合い、その後、織田信長の下でともに戦った。光秀は茶人であり、堺の豪商でもあった津田宗及《そうぎゅう》や連歌師の里村紹巴《じょうは》らとともに、幽斎の居城がある丹後に出向き、天橋立で連歌を楽しむほどの仲だった。

時勢読む鋭い感覚

だが、戦国時代は順風満帆とはいかない。めぐってきた第二の危機は本能寺の変だった。生涯の主家と思っていた織田信長が、その光秀に討たれたのだ。天正十(一五八二)年六月のことだった。細川父子はその報に接し、仰天したことだろう。しかもどちらにつくかという、細川家最大の決断を迫られたといってよかった。

光秀はもちろん細川幽斎父子の助力に期待をかけた。だが、二人は動かなかった。「我は信長公の御恩深く蒙《こうむ》りたれば、剃髪《ていはつ》して多年の恩を謝すべし」として、幽斎は宮津城を出て舞鶴の田辺城に隠居し、この時、初めて藤孝改めて幽斎と号した。息子の忠興には「光秀とは聟《むこ》と舅《しゅうと》の間なれば、彼に与《くみ》すべきや心に任せらるべし」と言ったという。忠興も信長の恩に落涙して、ともに剃髪した。しかも忠興は、妻の玉を丹後の味土野《みどの》（京丹後市弥栄町）に幽閉し、反光秀の態度を鮮明にした。

これに対して光秀は翻意を促し「一旦我等も腹立候え共《そうらえども》……摂州を存じ当て候て……」などとつづった。「父子とも剃髪したので一時は腹も立ったが、今は理解もできる。加勢を頼む。摂津《せっつ》を与えるつもりだが、望むなら若狭《わかさ》も与えてよい」という意味の、一歩下がった勧誘の手紙を送ったが、二人の気持ちはいささかも変わらなかった。幽斎父子の時勢を見る目は冷徹であり、光秀ではとても天下を取り、治めることはできないと見通したのだろう。見事な身の処し方だった。

この幽斎父子が翻意しなかったことは、光秀側にとって大きな打撃となり、結果的に秀吉の天下取りを容易にしたと言ってよいだろう。豊臣政権下に移っても細川家が安泰であることは確定的となった。

疑問視する向きも一部にはあるようだが、七月上旬、秀吉は幽斎父子に誓書を送った。その内容は「今度信長御不慮について比類なき御覚悟持ち、頼もしく存じ候《そうろう》」などとあって、幽斎父子の忠義に感じ入ったことや、お互いに裏切りのないことなどを誓っている。

細川家が秀吉側に帰属することが決まったのである。

公家との橋渡し役

体制の中に身を置きながら、変革の中を生き抜くにはどうすれば良いのか、斜陽の権力といかにうまく決別するか。権力の行方を見事にかぎ当てる、幽斎の鋭い感覚は研ぎ澄まされていたといえる。

幽斎は七月二十日に丹後から上洛し、信長の追善供養のため本能寺の焼け跡で百韻《ひゃくいん》の連歌を興行している。『細川幽斎』（細川護貞《もりさだ》著）によれば、ここには著名な門跡《もんぜき》、公家、大名、僧侶らが参集したが、費用はことごとく幽斎が持ったという。その時の幽斎の発句は「墨《すみ》染《ぞめ》のゆふべや名残《なごり》袖の露」だった。

幽斎は、天下に号令をかける最高権力者となった男を次々と引きつける魅力を持っていた。豊臣政権時代の幽斎は、信長以上に秀吉に愛されたといってもよいだろう。秀吉に短歌などの直接指導を行ったのは幽斎だったし、諸芸と有職故実《ゆうそくこじつ》に通じた幽斎は秀吉にとって必要だった。朝廷や公家側にとっても意の通じる幽斎の存在は大きく、公家社会と豊臣側とを橋渡しする男になっていた。

幽斎の居城は丹後だったが、年に何度も上洛し、京の屋敷を拠点に文人や武将、公家らと交流を図っている。天正十六（一五八八）年、秀吉は幽斎の京都の屋敷を訪れている。

『細川家記』などによると、幽斎自ら配膳《はいぜん》し、茶を点《た》てて「治れる世の声しるし百千鳥《ももちどり》」の句を送り、秀吉を喜ばせた。文禄元（一五九二）年の元旦、京の聚楽第《じゅらくてい》で幽斎は「日の本の光を見せてはるかなる　唐土《もろこし》までもや春や立つらん」と、朝鮮出兵をたたえる歌を太閤秀吉に献上している。

『細川幽斎伝』（平湯晃著）には、連歌のおもしろい話が載っている。太閤秀吉が連歌の席で「奥山に紅葉ふみ分けなくほたる」と詠んだところ、連歌師で売れっ子の里村紹巴が「蛍の鳴くと申す事御座無く……」と文句をつけた。すかさず幽斎は「少しも苦しからず候」と蛍鳴きを詠み込んだ古歌を二首披露し、秀吉の機嫌は持ち直したという。

後のことだろうか。紹巴は「そんな歌はどこに載っているのか」と幽斎にねじ込めば、幽斎は「千載集《せんざいしゅう》にある」と答え、「関白様の御威光によれば、鹿を光らせることも、蛍を鳴かせることも御意《ぎょい》のままである。そちはいらぬことを言うな」と手厳しく叱ったという。幽斎の如才のなさを示すエピソードといえよう。

だが、幽斎は権力者に対して別の一面も持っていた。かえって太閤秀吉が幽斎にすり寄るような、甘えるような場面もあったのだ。その当時、洛東の吉田山のふもとに閑居していた幽斎宅に秀吉から「雪ふりてさびしく暮らし候、きたりて一ぷくたて候へ、ひでよし」との手紙を使者から受け取った。幽斎は「太閤様でも寂しい日があるのか」と思いつつ直ちに聚楽第に向かった。秀吉は「さびしと書かねば、そなたは来てくれぬからな」と言って笑い、ひとときの歓談を楽しんだという。

関ヶ原で再び岐路

その後、かわいがられた秀吉の死によって、幽斎はまた重大な岐路に立たされたが、その選択を間違わないのである。関ヶ原の合戦の一年前の慶長四（一五九九）年、徳川家康が伏見から川船に乗って大坂へ向かった時、幽斎は同船し、すでに家康と碁を打つなどの仲となっていたようだ。もし石田三成側に立っていれば、細川家はおそらくお家断絶となっていたことだろう。だが、関ヶ原の合戦直前に幽斎は、三成側の軍勢に攻め込まれ、人生最大の危機を丹後で迎えることになる。

田辺城籠城戦、耐え抜く

細川幽斎は室町時代、将軍二人に仕え、その後織田信長ら三人の天下人から信頼を得て、戦国乱世を見事に生き抜いた。「世渡り名人」ともいわれたが、文化教養の高さ、強靱《きょうじん》な精神力こそ幽斎を特徴づけるものだ。そうした幽斎にとって人生最大の危機が、舞鶴での田辺城籠城だった。

慶長五（一六〇〇）年六月、徳川家康が上杉景勝討伐のために伏見城から会津に向けて出発したのに続いて、息子の細川忠興も宮津を発った。関ヶ原の合戦まで三ヶ月もない時期だった。天下は不穏な空気に包まれていた。武将たちは次第に徳川方か石田三成方かに色分けされていく。

これまでも忠興は信長、秀吉らの命によって全国各地を転戦することが多く、実質的な領国経営は幽斎が行っていたともいえる。今回も、忠興が出陣したあと、幽斎が留守を預かっていたが、関ヶ原の合戦の前哨戦《ぜんしょうせん》ともいうべき戦いが各地で始まっていた。丹後へも福知山城主の小野木公郷《おのぎきみさと》が統率する西軍勢約一万五千が攻め寄せてきた。七月のことだった。西軍側は、ここ丹後で幽斎を攻めれば、息子の忠興は必ずや動揺するだろうとの読みだった。細川家の主力は関東へ、その他の有力家臣も豊後におり、いわば丹後は〝空き家同然〟ともいえた。

五百人で迎え撃つ

幽斎は、宮津の城をはじめ、いくつもの支城をことごとく焼いて、領国中の武器や弾薬を残らず舞鶴田辺城に運び込み、籠城する作戦を取った。幽斎側は総勢約五百人で、歴戦の武士となると、五十人前後といわれるほどの心細い陣容で、全く勝ち目のない戦いが待っていた。

田辺城攻めと前後して、家康が一時居城としていた伏見城が西軍に攻め落とされ、守将の鳥居元忠以下、約千八百人が玉砕していた。この田辺城も早晩、そうなる運命と思われたが、当初の一週間の激戦を幽斎や籠城した家臣らは耐え抜くのである。驚くべき戦闘能力であり、敢闘精神といえる。舞鶴市田辺城資料館の野々尾理一《りいち》館長は「最初の一週間は大激戦で白兵戦もあった。だが、幽斎側の火縄銃の威力が格段に高くて石田側、つまり西軍を寄せ付けなかったのです」と語る。

『細川幽斎』や『舞鶴市史』（舞鶴市発行）などにその戦いぶりが詳しく書かれている。四方八方から西軍勢が田辺城に押し寄せ、盛んに鉄砲、大筒《おおづつ》（大砲）を撃ち、双方に相当の戦死者が出るという繰り返しで、まさに〝飛び道具〟が中心の戦いだった。これを幽斎側が優位に展開できたのは、鉄砲術の名手が家臣にいて、その教えを受けた者が相当に活躍したことにある。西軍勢が竹束《たけたば》を弾除けにして城に近づこうとするが、それを射抜く弾と威力を増す火薬の調合で細川側は阻止した。戦死者が次々と出て、鉄砲の撃ち方、大砲の撃ち方を知らぬ家臣に、生き残っている使い手が教えることも一度や二度ではなかった。城中で幽斎は細かいところまで作戦を指示し、家臣は攻め時、どこまで攻め出るか、引き際などを的確に行ったという。籠城は七月十八日から約二ヶ月間続いた。

歌道でピンチ脱出

後陽成《ごようぜい》天皇、智仁《としひと》親王は幽斎が討ち死にすれば、朝廷から幽斎へと相伝された古今伝授（古今和歌集の解釈奥義）が絶えるのを憂えて和解を勧告した。幽斎はいったん断り、「いにしへも今もかはらぬ世の中に　こころの種をのこす言の葉」という有名な歌を残す。この一首を添えて秘伝の書籍とともに託し、死を覚悟していた。だが、野々尾館長は「石田側軍勢もこれを知って攻めにくくなったのです」と話す。

その後、曲折はあったが、最終的に後陽成天皇のはからいが決め手となった。『細川幽斎』によれば、九月十二日に三条大納言実条《さねえだ》ら三人の勅使によってもたらされた勅諚《ちょくじょう》には「古今和歌集の秘奥を伝え、帝王の御師範にて、神道歌道の国師と称す。いま玄旨《げんし》（幽斎のこと）、命をおとさば、世にこれを伝うる事なし」とまで幽斎をたたえる内容で、西軍の諸将、大いに驚いたという。そして数日後、幽斎は名誉ある開城を行った。歌道の精進が幽斎の絶体絶命を助けたのである。古今伝授の継承者という日本に一人しかいない特別な存在であったことが大きかった。今、城跡の一部は舞鶴公園として整備されており、往時をしのぶ石垣跡や和解・開城時の幽斎の和歌にちなむ「心種園《しんしゅえん》」などがあり、記念の石碑も建てられている。

戦国時代、丹後は桃山文化の拠点の一つとして花開いたが、それは幽斎の存在があったからこそだった。京都府立丹後郷土資料館の伊藤太技師は「幽斎は丹後で京に劣らぬ配役で五十回の能の会を行っている。武将が文化の担い手だった」と語り、「幽斎の軌跡を追うと、よく激動の時代を生き抜いたなと思う」と感心する。振り返れば、秀吉政権下、幽斎は薩摩征伐時には長門《ながと》の大寧寺《たいねいじ》に寄っている。ここで戦国期に「西の京都」を山口に造営した大内義隆をしのんでいるのは、まさに文化にかぎりない愛着を持つ幽斎ならではだった。

京都三条で大往生

細川父子の貢献ぶりは徳川家康も高く評価し、息子の忠興は豊前《ぶぜん》・豊後《ぶんご》の三十九万石の大大名となり得た。幽斎のまいた種は大きく育ったのである。幽斎は慶長十五（一六一〇）年、七十七歳で三条車屋町の京屋敷で往生したと伝わる。亡骸《なきがら》は先の南禅寺・天授庵に葬送され、遺骨は天授庵と豊前・小倉で埋葬された。徳川二代将軍の秀忠は豊前に使者を派遣して三日間の囲碁・将棋の停止を命じている。

幽斎は中世和歌の集大成者としてあり、近世和歌の出発点にも位置している。今も幽斎の収集した王朝古典・歌書は数多くの人に詠まれており、その意味で幽斎の積み重ねた文事はなお生き続けているといえる。また俳諧の松永貞徳《ていとく》ら数多くの門弟を育てたのも功績の一つだ。その貞徳は幽斎を評して「しおらしき大名」といった。

歌人の川田順はその著『細川幽斎』で「幽斎は戦国時代最高の文化人であった。彼は学問と芸術を生活化した、真個の文化人だった」とし、「文にして武、武にして文、両者一如の戦国時代最高の教養人」と称賛している。記憶に残る言葉である。

（二〇〇三年六月十六・二十三・三十日）

蒲生氏郷

1556〜1595

合戦の先頭行く総大将

「天下人の大器なり」と評された近江出身の戦国武将、蒲生氏郷《がもううじさと》（幼名鶴千代）は、現在の滋賀県蒲生郡日野町に生まれ育った。同時代の細川幽斎が武将人生をその個性でもって見事に完結させたのに対し、四十歳で死んだ氏郷は武将としての人生を完全燃焼したとはいえない。その器量からしても悲運のおもむきがある。

鯰尾の冑で常に先陣へ

氏郷は勇猛果敢で、命知らずの武将だった。長槍を巧みにさばき、幾多の戦場を小雲雀《こひばり》と名付けた白馬にまたがって駆けめぐった。『名将言行録』（岡谷繁実《おかのやしげざね》著）には「（氏郷は）初《うい》陣《じん》の時より銀の鯰《なまず》尾《お》の冑《かぶと》を戴《いただ》き、常に先陣に進みたり」とある。銀色に輝く鯰のしっぽの形をした長い冑はよく目立ち、敵に狙われやすい。勇気が要ったが、氏郷は平気だった。激しい負けじ魂が生まれつき備わっている直情径行のタイプといえる。

『蒲生氏郷』（池内昭一著）や『蒲生氏郷小傳《しょうでん》』（山田勘蔵著）などに詳しいが、十代前半の初陣で早くも、敵軍の一人を倒している。織田信長に敵対する南伊勢の大河内城《おかわち》を攻めた時のことだった。機敏であるのはもちろん、幼くして相当な肝っ玉の持ち主だったことがうかがえる。その時、守《も》り役の重臣らが戦場で氏郷を見失ってしまい、「もしもの事があれば……」と狼狽《ろうばい》し、後に叱責《しっせき》されたのは有名な話だ。

領主となってからも、蒲生家に新しく仕官を求める者があれば、必ずこう言った。「鯰尾の冑を戴いている者が先に進むが、その者に劣らず働くべし」と。その家臣が合戦の時に、先頭を突き進む鯰尾の冑の男が氏郷、つまり総大将だと知って驚くのである。一対一の戦いが多かった源平争乱時代なら、いざ知らず、戦国時代に先陣を切る大将は極めて少なかった。

日野の産業を振興

氏郷は戦国時代の弘治二(一五五六)年、日野城(中野城)で生まれている。城主は祖父の蒲生定秀、父は賢秀《かたひで》である。蒲生氏は近江の守護大名・六角《ろっかく》氏の有力家臣として百数十郷を支配していたとされ、次第に実力を蓄え、主家筋を凌駕《りょうが》して発展していった。日野町の馬見岡綿向《うまみおかわたむき》神社の絵馬堂には、日野祭《まつり》の描かれた絵馬が掛かっている。十六世紀半ばの蒲生当主が家臣らと華やかに行列する姿が見られ、蒲生家の隆盛を今に伝えている。同神社の社《やしろ》信之宮司は「日野の町をつくり、日野川を改修し、産業を振興した蒲生家に対する思いは当地では深いものがあります。なかでもここから出て大きく羽ばたいた蒲生氏郷公は町の誇りとなっています」と語る。今は田園地帯となった日野城跡の一角にはそれを記す石碑が、その近くには氏郷ゆかりの産湯《うぶゆ》の井戸などが残されている。

永禄十一（一五六八）年、上洛を目前に控えた織田信長は、近江・観音寺城主の六角義賢《よしかた》を攻め落とした。その六角の家臣だった父の蒲生賢秀は信長に降《くだ》り、十三歳の氏郷は織田側へ人質に出されている。信長は幼い氏郷の目を見て「尋常の者にはあるまじ。天晴《あっぱ》れなる若者」とほめ、氏郷が合戦で豪胆さを発揮すると、自分の末娘・冬姫をめとらせた。氏郷の器量を早くから見抜いていたのはさすがといえる。

信長の忠臣で活躍

天正元（一五七三）年には室町幕府の最後の将軍義昭が挙兵した宇治槇島《まきしま》の戦いで、氏郷は信長陣営で大いに奮戦し、戦いの後、信長から羽織をもらう活躍ぶりだった。さらに伊勢長島一揆攻めで一番乗り、摂津《せっつ》池田合戦で功名、伊賀の乱で活躍……と歴戦の強者《つわもの》となっていった。

信長の忠臣として出世していく道が固まったわけだが、天正十（一五八二）年の本能寺の変が、氏郷の運命を微妙に、いや大きく変えたといえよう。当時、父の賢秀は安土城の留守役としており、氏郷は日野城にいた。氏郷は変を聞いてすぐさま、手勢五百騎、鞍《くら》付きなど馬三百頭をひいて安土城に駆けつけ、信長の妻子、侍女らを明智光秀側の追撃を振り切って日野城に導いた。光秀から「降伏して味方になれば、近江半国を与えるべし」との申し出があったが、一顧だにせず拒絶している。

山崎の合戦後、氏郷は上洛し、秀吉に忠節を誓い、ここに新たな主従関係を結んだ。その後、信長の息子たち、信雄《のぶかつ》と信孝の対立が激しくなり、ついに秀吉側と柴田勝家側との賤ヶ岳《しずがたけ》の合戦に行き着くのだが、蒲生家はいずれの側にも縁が深くどちらにつくか悩みに悩んだ。そのため、父の賢秀は寺僧に占わせて、秀吉・信雄側につくことを決めたという言い伝えさえある。

それからも氏郷の人生は戦国武将らしく戦いの連続であったといってよい。小牧・長久手《ながくて》の戦いで難しい殿《しんがり》を引き受けて見事、その役割を果たしたあと、氏郷は秀吉からの命で、伊勢・松ヶ島（十二万石）へ転封《てんぽう》となる。日野と比べて石高は倍増したが、胸中は複雑だった。

堅固な城を落とす

一つは、鎌倉以来の父祖の地、日野を捨てねばならないという残念な思い。もう一つは、新領地の南伊勢はまだまだ反秀吉勢力が根強く、それを抑え込んだら十二万石（検地後、十六万石）という厳しい状況だったからだ。松ヶ島に移った氏郷は、数年後に松坂に築城を始めている。

そして蒲生軍団の勇猛さを天下に知らせたのは、天正十五（一五八七）年の九州島津攻めへの参陣だった。太閤秀吉は大軍を差し向けたが、その緒戦は豊前にある巌石《がんじゃく》城攻めだった。数千の兵が守る、非常に堅固な城を一気に落とし、秀吉軍の勢威を示さねばならなかった。氏郷隊は正面から城壁を登り始めたものの、反撃も強く困難を極めたが、ついに氏郷家臣の一人が城内に一番乗りして吹き流しを掲げた。それを遠望した秀吉は手を打って喜んだという。この戦いで氏郷隊は四百もの首級をあげ、猛将の評判は一気に高まった。三十二歳の時である。

政宗を抑え有力大名に

九州の島津討伐で名を上げた蒲生氏郷指揮下の軍は、規律のとれた行動や士気の高さで、九州の将兵を驚かせた。戦う前に九州勢は上方《かみがた》の将兵を侮る傾向があったが、それは完全に改められたという。氏郷は忠臣中の忠臣といえども、軍律を乱せば、その場で斬る苛烈《かれつ》さを合わせ持っていた。

強烈な負けじ魂

その心にあるのは、強烈な負けじ魂だった。伊勢・松ヶ島の城主時代にこんな話が残されている。太閤秀吉が進める京都・方広寺《ほうこうじ》の大仏殿建立に石運びなどで協力することになった。天正年間後期のことだ。三井寺《みいでら》山中から一辺が五メートル以上ともいわれる巨石を引き出してきたのはいいが、途中で動かなくなってしまった。「放っておけ」との秀吉の言葉で、そのままにしておいたところ、「大石を道の蒲生に引き捨てて　飛騨《ひだ》の匠《たくみ》もならぬものかな」と、誰かがこの巨石のかたわらに狂歌を記し皮肉った。

『会津宰相《さいしょう》　蒲生氏郷』（蒲生氏郷まちづくり四〇〇年特別企画展実行委員会発行）などには、これを知った氏郷は大いに悔しがり、自ら巨石運搬の指揮を執ったとある。家臣一同、へとへとになりながら逢坂山《おうさかやま》の峠を越え、何とか京都に運び込むと、喜んだ太閤秀吉が待っていて自ら指揮して巨石を引かせたという。今も京都市東山区の豊国《とよくに》神社や方広寺界隈《かいわい》に残る大仏殿石垣のいくつかの巨石は〝蒲生石〟ではないかとの言い伝えがある。

氏郷はその後、休む間もなく秀吉配下の有力武将として小田原《おだわら》の北条《ほうじょう》攻めに参戦した。一方で秀吉は参陣が遅かったとして、奥羽《おうう》の覇者だった伊達政宗《だてまさむね》から会津などの所領を没収したが、ここの領主を誰にするか、さまざまな憶測が流れた。秀吉の腹は、政宗はもちろん、関東の徳川家康ににらみをきかせる男でなければならなかった。迷ったとも、最初から腹は決まっていたとも、いろいろな説がある。

秀吉の家臣の間では細川幽斎の息子、忠興《ただおき》が有力視されていたが、氏郷が会津四十二万石の城主に選ばれたので、多くがその人選に驚いたという。氏郷に白羽の矢が立った背景には、もちろん氏郷の実力と才覚が買われてのことだが、一方で、その器量を恐れた秀吉が「都から遠くなら氏郷も変な動きはできまい」との読みがあったと伝えられる。もう一つは、織田家を排して自ら天下人となった秀吉が信長愛顧の氏郷を遠ざけたとの説もある。こういう話が残されること自体、氏郷の器量の大きさを物語るものといえよう。

危険だらけの転封

氏郷は奥羽転封を受けた後、「このような遠国にあっては天下への望みも叶《かな》わぬし、茶の湯や連歌にもふれることができぬ」と嘆いたという。奥羽には反秀吉勢力がなお強力だったし、独眼竜の戦国大名、伊達政宗の動向は最大の気がかりでもあった。氏郷にとって奥羽は危険だらけの地だったのだ。

着任後、すぐに葛西《かさい》・大崎の地で一揆《いっき》が起こった。後ろで政宗が糸を引いているという噂が立つ。秀吉の命によって政宗の軍も協力して一揆鎮圧の案内役として進むが、一揆にことよせて蒲生氏郷の軍勢を殲滅《せんめつ》しようとの謀略も見え隠れし、まさに氏郷と政宗との間で虚々実々の息詰まる駆け引きが行われた。

例えば、一揆討滅の最中に伊達政宗から朝の茶の招待があった。氏郷の家臣は謀略だとしていさめたが、氏郷は器量が問われると応じた。勇気ある行動である。ばっさりとやられても不思議はない。茶席の外で氏郷の家臣が刀の柄《つか》を握りしめて見守る異様さだったというが、無事に済んだ。

戦いでは、地の利のある政宗軍が「どこどこまでは城は一つしかない」と説明するしりから、いくつもの敵城が現れてくる。政宗が仮病を使って進軍を遅らせていると、突如、敵の鉄砲隊が撃ちかけてくるといった具合だ。蒲生軍は後門《こうもん》の狼《おおかみ》となった政宗軍の動向を警戒してそれに半数の将兵を割きながら、鬼神のごとく進軍して宮城県古川市（大崎市）にあった名生《みょう》城を落城させたというのである。氏郷の方が一枚上手だった。

その夜、蒲生陣営に密告があり、氏郷の毒殺、氏郷軍への攻撃計画などが明らかになったとされる。この謀反《むほん》の企ては秀吉に報告され、伊達政宗が一世一代の大芝居とされる死《しに》装束《しょうぞく》のいでたちと、金箔《きんぱく》を張り付けた磔柱《はりつけばしら》をもって天正十九（一五九一）年に上洛し、秀吉に弁明し、命請いをするという有名な話に行き着く。

奥羽でいくつもの大きな一揆や反乱のほか、政宗の台頭をも抑え込んで領国経営に専心したいところだが、秀吉の朝鮮出兵でまた参陣の命が下る。文禄元（一五九二）年、氏郷は領地の会津を発ち、故郷を通り過ぎて九州・名護屋の陣へ向かった。その様子は『中山道《なかせんどう》の記』に書かれている。「はや夜も明け行く程に旅立ちつつ、行きければ近江の国に到りぬ。ここは我が生国なりぬれば、故郷いとなつかしう思ひける」と前書きがあり、「思いきや人の行方ぞ定めなき　我がふるさとをよそに見んとは」と詠んだ。「考えてみると、人生は分からないものだ。自分の故郷をよそ目に見て過ぎていかねばならないとは」。氏郷の故郷を思う万感の心が込められているといえよう。

故郷への思い歌に

その時を彷彿《ほうふつ》とさせる像が氏郷の生まれ故郷、日野町にある。あの鯰尾の冑をかぶって右手に筆を、左手に短冊《たんざく》を持ち、歌を詠む姿である。土台の石には「蒲生氏郷公を郷土日野の誇りとして顕彰するため、建立した」と刻まれている。氏郷を最も象徴する戦いの姿でないところが感慨深い。

氏郷の温かい人柄を感じさせる手紙も残っている。若い家臣に与えた教訓状だが、「第一家中に情を深くし、知行賜《たま》はるべし。情計《ばか》りにても知行なくては、又徒《いたず》らごとなり。知行と情とは、車の両輪、鳥の翅《はね》のごとくにて候《そうろう》」とある。土地や俸禄《ほうろく》も大事だが、情けも大切だ。この二つは車の両輪、鳥の両翼のようなものだ——と、バランスの大事さを諭している。戦場では鬼のようになる氏郷だったが、人や故郷を思うやさしい心根を持っていたのは間違いない。

利休七哲の筆頭、産業の振興と伝播

茶の湯の利休七哲《しちてつ》の筆頭に常にあげられるのが、蒲生氏郷だった。勇猛一辺倒の武将ではないことの証しといえよう。

本格的修行は秀吉の配下に入ったころからと思われ、堺から京へ進出した天下の茶人、千利休とも親しくなっていた。『備前老人物語』に、利休は氏郷のことを「文武の二道の御大将にて、日本において一人二人の御大名なれば……」とほめたことが記されている。太閤秀吉の北野大茶会で、氏郷は豊臣秀次らとともに二番席に入っていることから、すでにかなり上位の戦国武将であったことが分かる。

氏郷は利休の弟子であり、熱心な支援者だった。お互いに信頼し合える仲だったからこそ、利休が秀吉から切腹を言い渡された後、連座を恐れて二男の少庵を引き取った。秀吉の機嫌を損ねかねない行為だが、氏郷はそれをやれる力があった。

氏郷は居城のある会津で少庵を世話し、二年前後の歳月が流れた。この間、氏郷は千家の再興を秀吉に度々願い出た。ようやく秀吉の勘気がとけ、少庵は会津から上洛し、千家を再興する。この時の氏郷を中心とした熱心な動きがなければ、千家の再興は危うかったかもしれないし、かなり遅れた可能性もある。

日野椀振興に功績

一方で氏郷は戦国時代には珍しく産業振興に深い理解があった。おそらくこれは、織田信長の影響があったといえる。生まれ故郷の日野の城主の時にも、さまざまな施策に力を入れている。近江日野商人館の正野《しょうの》雄三館長がいくつかの著作に功績を記しているが、その筆頭は日野椀《わん》の振興と発展だ。評判を知って千利休も日野椀を注文した記録が残っている。この漆《うるし》塗り食器の伝統を国替えで会津に持ち込み、会津塗りを大きく発展させた功績もある。もし、氏郷が会津に転封しなければ、会津の漆器《しっき》はどうなっていたかともいわれる。

信長の楽市楽座のまちづくりなどを参考に、日野城下に楽市楽座のおふれを出し、座を廃止して商業の振興政策も打ち出し、政策の一端は「日野町定書」として残っている。「商いは楽市楽座として諸座や諸役は一切課さない」「天下一国の徳政があっても日野においては無効である」などで、商業の自由をうたったものだ。開明的かつ実力のある城主でないとできないことだった。

氏郷は最初に転封した松坂で松坂城を築き、今も町を開いた恩人として尊敬を集めている。そのため三重県松阪市では毎年十一月三日に氏郷を顕彰する「氏郷まつり」を行い、武者行列が市中を練る。これには日野町の日野筒鉄炮《づつてっぽう》研究会のメンバーが日野筒をもって参加し、祭りを盛り上げている。松坂の町づくりは、故郷の日野のまちづくりを参考に行われたのは間違いない。

奥羽最大の大名に

会津に移り、腰を落ち着けた氏郷は七十三万四千石の奥羽最大の大名となった。近江日野の六万石（諸説あり）から伊勢松坂の十二万石、そして会津ではスタートこそ四十二万石だったが、七十三万石、最後には九十二万石と急増した。当時の徳川家康や毛利輝元らとともに、大大名となったのだ。ようやく奥羽も落ち着きを取り戻し、氏郷は会津黒川城を廃して、全く新しい七層の天守、本丸などを備えた新城を築いた。

『蒲生生滅記』は、石田三成が「会津宰相（氏郷のこと）は知勇もすぐれ、好武者ども多数持ちたり。彼を全く置くは、虎を養いて園に放つに似たり。我が後のさまたげとなるべき者は氏郷なり」と言ったと記し、『常山紀談《じょうざんきだん》』や『蒲生軍記』には、氏郷が秀吉の前で「明《みん》軍何ほどのことやある。氏郷に朝鮮を下さらば、切り取りにして打ち破って見せ申そう」と言い放ったとある。本来なら、「頼もしき奴《やつ》」となるところだが、才覚のある氏郷では違った。「恐るべき奴だ」と秀吉に改めて警戒心を起こさせたとある。氏郷は天下人にとってかわいい男ではなかったようだ。

当時の戦国武将の何人もがキリシタンの道に入った。氏郷もその一人である。九州の名護屋滞陣中、二度にわたって長崎に出向き、その宿舎で「自分はキリシタンである。いつか領内で大きな改宗運動を起こしたい」と打ち明けた上で、「日本の神や仏は何でもない。デウスは唯一にして我らの霊魂は不死不滅である」と強調し、家臣一同を驚かせたことがあると伝わっている。これも氏郷の正直さや誠実さが表れた思い切った発言といえそうだ。また、家臣を何度かローマに派遣したと伝わっており、ある古文書では、ローマ人を召し抱えていたとも書かれている。日野町での鉄砲づくりが盛んになっていることと符合する。なかなかに興味深い話だ。

道半ばで世を去る

名護屋の滞陣中に下血した氏郷の病状は、悪化の一途をたどり、養生のため京の柳馬場二条上ルの自邸に入っている。太閤秀吉はじめ徳川家康、前田利家ら大物が次々と見舞いに訪れ、曲直瀬道三《まなせどうさん》ら天下に聞こえた九人の名医が氏郷を診たが、病状は深刻で手の施しようがなかったらしい。自邸を大改修し、太閤秀吉の来訪を得た際は、誰が見ても長くはないと思われたようだ。そしてついに文禄四(一五九五)年、四十歳という若さで死を迎えた。大志を秘めていただけに、心には道半ばの無念の思いがあったと推測できる。

京都市北区の大徳寺・黄梅院近くに氏郷の辞世の歌を刻んだ石碑がある。東急グループ創立者の五島《ごとう》慶太らが旗振り役で建立した。「かぎりあれば　ふかねど花はちるものを心みじかき春の山風」とある。境内には氏郷の墓があり、毎年命日の二月七日には今も法要が営まれる。黄梅院の小林太玄住職は「氏郷の広く深い心に感動を覚えます。ほんとうに勇将であり、知将だった。私は信長以上の器量があった武将だと思っています」と話す。

蒲生家は氏郷の死から凋落《ちょうらく》の一途をたどる。嫡男《ちゃくなん》秀行は幼い上に家臣団は対立が多く、秀吉は会津九十二万石を取り上げて宇都宮十八万石に転封してしまった。関ヶ原合戦後、徳川家康は姻戚《いんせき》関係があることから、会津六十万石を復領させたものの、その後、蒲生家は忠知《ただとも》の代で伊予松山二十万石へ転封となった。そこでも家中の不統制が続いて、忠知は江戸期寛永年間に京都で没したが、後継ぎがなく蒲生家は断絶した。

器量も武も情もあった氏郷が今少し長命だったなら、蒲生家は違った展開を見せていたに違いない。

（二〇〇三年七月七・二十一・二十八日）

内藤如安

1549頃～1626

乱世にキリシタン貫く

京都府船井郡八木町（南丹市）を走る国道9号からそれて田園地帯を行くと、視界の開けた場所に十字架が忽然《こつぜん》と現れる。丹波・八木出身の戦国キリシタン武将、内藤《ないとう》如安《じょあん》を顕彰する碑である。土台の石碑には「戦国キリシタン武将　ジョアン内藤飛弾《ひだの》守《かみ》忠俊ゆかり之地」と刻まれている。田んぼの中の十字架が、見る者に鮮烈な印象を与え、一種の胸騒ぎを呼び起こすのだ。

如安は生涯を通じ各種の合戦や朝鮮の役などに出陣した勇敢な武将だが、最後までキリシタン信仰を捨てなかった。このため徳川幕府の禁令によってフィリピン・マニラへ追放され、異国の地で生涯を閉じた。時代の波に翻弄《ほんろう》された悲運の武将とされるが、道義と信仰に生き続けて自己実現を成し遂げた男でもあった。先の碑文には「京の南蛮寺で洗礼を受ける」「文禄の役で講和使節の大任を受ける」などと如安の軌跡が刻まれている。

義昭に二千人の援軍

天正元（一五七三）年、天下盗りの野望を秘めた織田信長は、言うことを聞かず離反を強めた室町幕府の将軍、足利義昭打倒の決意を固めた。天下布武へと勢いを増す信長につく武将は目立ったが、形勢不利というより凋落《ちょうらく》の一途だった将軍義昭を支援する武将は少なかった。義昭の側近だった細川幽斎や一時家臣ともなっていた明智光秀らはいち早く信長側についている。

一触即発の雰囲気が漂うなか、孤立無援の義昭に援軍を差し向けたのが、当時、丹波八木城の事実上の城主となっていた如安だった。信長の倒幕行動は「許し難い」と映ったのだろう。如安の援軍の数は約二千人で義昭は大喜びしたとされる。戦国の世に落日の将軍を支えることはなかなか出来ることではない。愚直な選択だったかもしれないが、それが如安の生き方だった。

『日本西教史』（ジャン・クラッセ著）には、八木から京へ向かう如安の軍の様子が描かれている。「丹波の国主ドム・ジャン・ナイタ（内藤如安のこと）どのは丹波の兵二千人を率ひ、隊を備え十字形の軍旗を翻して京師《けいし》（京都のこと）に出陣し、国主は金字を以て耶蘇《やそ》の聖称を記したる兜《かぶと》を戴《いただ》き、正々堂々として公方《くぼう》の宮殿に到《いた》れり」とある。京の歴史で西欧の十字軍かと見まがう部隊が数千人単位で動いたのは極めて異例だ。朝鮮出兵時の伊達政宗軍の行進のように、庶民の目にも異形の軍の姿ははっきりと焼き付けられたことだろう。

如安のこの活動は義昭の救援というのが第一で、もう一つは京におけるキリシタン活動の保護と支援、さらには、おじである戦国の梟雄《きょうゆう》、松永久秀に対する協力という要素もあったに違いない。如安はこの時、すでに入信して八年の歳月が流れていたといわれるが、熱心なキリシタンだった。

労作である『聖書武将の生々流転《せいせいるてん》』（楠戸《くすど》義昭著）や『殉教《じゅんきょう》—戦国キリシタン武将内藤如安の生涯—』（各務英明著）などに詳しいが、如安は、戦国期の希代の悪党といわれた松永久秀の弟、長頼《ながより》（後に宗勝《そうしょう》とも）と、八木城主・内藤国貞の娘の間に生まれたと伝わる。政略結婚だった。本来、如安は松永姓を名乗るべきだったが、父長頼が八木城主となったため如安は内藤姓を名乗ったと思われる。

ところが、地元に残る『内藤盛衰記』をはじめ古文書には、内藤如安の名はほとんど出てこない。徳川幕府が禁じたキリシタンであり、国外追放となった男である。如安の軌跡は意図的に〝隠された〟形跡がみられるというのが多くの研究者の見方である。

信仰で心の安らぎ

内藤如安は内藤飛驒守忠俊のほか、小西如庵、小西飛（主に小西行長仕官時代）、徳庵（前田家仕官時代）ともいい、キリシタン武将としてジョアン内藤と称されることも少なくない。この呼び方の多さが、如安の複雑で変転極まりない生涯の一端を示している。

如安は、父の長頼が戦死したあと、八木城内での立場は極めて微妙となった。内藤家の直系に覇権を戻すべしとの声が強まったようだ。内部で主導権争いが起こったのは想像に難くない。如安幽閉事件が起こったと記す記録書もある。こうしたなかで、感受性が豊かだった如安は大いに悩み、心が揺れていた。そこに現れたのが山口出身の女性、洗礼名カタリナだったという。

カタリナによって信仰に導かれた如安は心の平安を得ることができ、キリスト教の教えに魅入られて行く。ついに京都で有名な宣教師ルイス・フロイスから洗礼を受け、ジョアンという洗礼名を授けられたのだ。如安は母の死の際、仏式の葬儀をしりぞけ、キリスト教式で行っている。これは如安が八木城での指導力をはっきりと持ち始めていたこと、実質的な城主になっていたことを示したものと理解されている。

「死んではならぬ」

二千の兵を率いた際も、二条城の義昭に会ったあと、如安は家臣を連れて京の教会を訪れている。『耶蘇会士日本通信』などの文書によると、ルイス・フロイスに懺悔《ざんげ》を請い、信仰の書物を借りると、それを朝までかかって一気に読み通し、分からない場所などを記してフロイスにただしたという。その際、如安はフロイスに戦火に巻き込まれないように、自らの郷里である八木に一時避難することまで進言していたという。

如安は二度にわたって将軍義昭の二条城脱出計画を押しとどめたが、結局、義昭は山城槇島《まきしま》城に移り、「如安は京の法華宗の一寺院、妙蓮寺に宿泊していた」とフロイスは記述している。その間、如安は毎日のように京にあるキリスト会堂に行ってゼウスの教えを学ぶ熱心さだった。如安は京の神社の木材を丹波に運んで教会を建てようとしていたとも伝えられる。

八木城の実力者となった如安だが、天正六年（七年説も〈一五七八、七九〉）に織田信長の丹波平定作戦の一環で、八木城は明智光秀の攻略によって陥落した。その時、すでに如安は八木城を離れていたとする説が有力だが、在城していたともいわれ、如安の「死んではならぬ」の言葉で多くは落ち延びたとする説もある。いずれにせよ、内藤如安は生き延びたのである。

異国に追放も信仰一途

慶長十九（一六一四）年といえば、大坂冬の陣が始まる一方、諸国で伊勢踊りが大流行していた年である。戦国時代は終わりを告げていた。「キリシタン禁教令」を出した江戸幕府はこの年、キリシタンの国外追放を実行した。信仰を捨てず、弾圧に耐えて国内を流転していた内藤如安が、長崎からフィリピン・マニラ行きの帆船に、キリシタン大名の高山右近《うこん》らとともに乗船したのは旧暦十月のことだった。如安は六十歳半ばと推定される。

不透明な足取り

右近に劣らない識見と信仰心のあったキリシタン武将、内藤如安の軌跡には不透明な部分が多い。居城だった丹波・八木城が落城したのは、天正六(一五七八)年ごろで、如安はまだ三十歳代半ばだったが、それ以降、このマニラ追放までの三十六年間、足取りはそれほど定かではない。

今のところ、八木城落城後、如安は鞆《とも》の浦(広島県福山市)に滞在していたというのが、最も有力な説である。室町幕府最後の将軍、足利義昭が京都を追い出され、西国の毛利氏を頼って逃れていたのが、この鞆の浦だった。ここで如安は、義昭を慕って近臣として仕えていたというのである。宣教師のルイス・フロイスの書簡から、天正九(一五八一)年ごろには「丹波の内藤殿(如安)は公方様(足利義昭)のもとにいる」と書かれ、四年後にも「義昭のもとにいる」と報告されている。

如安は毎年、京へ上がって神父を訪ね、強い信仰心を示している。時には抑えがたい感情がこみ上げ、涙を流したこともある。神の恵みに感謝し、自らを悔いる涙に違いないが、それまでの父母の死や八木城落城、一族離散などの人生におけるつらい思い出も振り返ったことだろう。

いずれにせよ、如安は九年近い歳月を鞆の浦で過ごしたようだ。ここで漢学、ポルトガル語、キリスト教の教えのみならず、文化教養を身につけ、国際的な視野を持つ第一級の知識人に成長したと思われる。宣教師らの通信文で、如安の妻はマリアという洗礼名を持ち、二人の間にトーマス、パウロという息子や、娘がいたことが分かる。

こうして如安の才覚と器量は、他のキリシタン大名に「そのまま捨てておくのは忍びない」と思わせるものになっていた。太閤秀吉配下のキリシタン武将だった小西行長が如安の才能を認め、客将としたのは、如安が三十代後半のころとされる。

太閤秀吉の朝鮮出兵時、軍勢約一万九千の第一軍を率いたのが行長だった。しばらくして明との和平を求める動きが出て、その使節として白羽の矢を立てられたのが如安だった。素養の深さと漢学の豊富さなどをもって日本側の和平工作の使節となって、歴史の表舞台に出たが、大変な任務だった。紆余《うよ》曲折があって出発から北京到着まで一年半も掛かっている。講和の交渉を終えて如安が釜山《プサン》の小西行長の陣営に着いたのは、釜山を出てから二年半もたっていたという。ところが、この和平工作は秀吉の怒りを買い一挙に瓦解する。そして再出兵の慶長の役の最中に秀吉が死んだあと、ようやく全軍が撤収となった。

だが、その後、天下分け目の関ヶ原の合戦で、如安は最大の理解者だった行長を失ってしまう。落胆したが、如安の力量を評価していた加藤清正が召し抱えたいと申し出た。如安は迷った末、清正の家臣となったが、すぐにキリシタン弾圧が始まった。その結果、如安は転宗を拒否し、信仰のために地位も名誉も財産もすべて捨てたのである。

当時、「迫害は日ごとに激しくなっており、主のために死ぬ準備ができている者は少なくない」とイエズス会幹部に手紙を送っている。ようやく領外に出ることを許された如安は最初、肥前《ひぜん》に行くが、ほどなく加賀にいた高山右近のもとへ向かう。右近のあっせんだった。如安は若いころから同じキリシタン武将として右近と深い交流があったのだ。前田家はキリシタンに理解があり、如安は四千石を授かったという。

ここで再会を果たした如安と右近はともにキリシタンとしてうち解け、五十代半ばにしてようやく心の平安を得ることができた。だが、それも束の間だった。幕府の徹底したキリシタンの弾圧で二人はここから長崎に送られ、長崎からマニラへと向かう。帰ることのない船旅だけに、万感の思いがあっただろう。

マニラの総督は信仰を守り通した如安らを国賓《こくひん》待遇で迎えた。如安はマニラのサンミゲル地区にキリシタンのための日本人町を建設し、そこの長老格として活躍したと伝わる。またここでキリスト教の本を翻訳し、医療活動も行ったようだ。信仰に生涯をささげた日々が想像できる。如安はマニラに十二年近く住み、寛永三（一六二六）年、その地で没した。

子孫も神父の職に

如安の軌跡を長年研究し、その生き方に強く共鳴してきた京都府亀岡市在住の藤本良平さんは、マニラの地にも如安の顕彰碑を建立しようと、運動の中心となってきた。昨春、現地の神父らの協力も得て、ようやくその夢を実現し、八木町（南丹市）にある碑と同じものを、如安が過ごした旧サンミゲル地区に建てた。マニラ市長も出席して除幕式を行ったという。如安の生誕の地と終焉《しゅうえん》の地に碑を建てるのが念願だっただけに、喜びもひとしおだった。藤本さんは「如安の孫も、ひ孫も、やしゃごも三代続いて現地の神父となり活躍しました」と語る。

如安が実質的な八木城主だったころ、母の葬儀の際、二千人以上の人々に施しを行ったという記録があり、それはキリシタン流としては日本で初めての大規模な施しだったとされる。八木町文化財保護委員の八木幸雄さんは、如安について「この時代にヒューマニズムを実践する武将がいたというのは素晴らしいことだと思う。当時の武将の型を破った武将でした。郷土からこうした人物が出たのを誇りにしたい」と力強く語る。地元関係者らの間で如安の生涯をオペラにできないか、検討が進んでいるという。

如安出身の京都府八木町（南丹市）と追放の地・フィリピン・マニラは、この如安をかけ橋に一九八五年に姉妹都市盟約を結んでおり、如安が果たした役割は決して小さくないことが分かる。戦国武将の心が、今も丹波の人々の中に生き続けていることに驚きがある。

（二〇〇三年八月四・十八日）

藤堂高虎

1556〜1630

処世術のうまさで際立つたくましさ

近江出身の戦国大名、藤堂高虎《とうどうたかとら》は、天下人にかわいがられた細川幽斎と並んで処世のうまさで際立っていた。幽斎がエリートとして育ち、和歌や茶の湯など文の道に秀でていたのに対して、高虎は何度踏まれてもへこたれない雑草のようなたくましさを感じさせる武将だ。

『甲良《こうら》町史』（甲良町発行）や『高山公実録《こうざんこうじつろく》――藤堂高虎伝――』（上野市古文献刊行会編）などに詳しいが、高虎は弘治二（一五五六）年に近江の犬上《いぬかみ》郡藤堂（在士《ざいじ》）村の地侍、藤堂虎高の二男として生まれた。戦国時代真っ直中であり、美濃の斎藤道三《どうさん》が息子の義龍と戦って敗死した年でもある。

とんでもない怪童

幼いころから高虎のエピソードは数多い。「三人の乳母がいても乳が足らなかった」とか、「とにかく泣かない、けがをしても痛いと言わない子どもだった」とか、「筋骨たくましく、七歳の時に十七歳の兄より大きかった」とか、『甲良町史』は「とんでもない怪童だったようだ」と書いている。ちなみに成人後の身長は一九〇センチ前後はあったといわれる偉丈夫だった。

『名将言行録』（岡谷繁実《おかのやしげざね》著）などにはこうある。十三歳の時に賊に飛びかかって斬り倒している。なかなかの武勇である。それだけではない。十五歳の時に、朝倉・浅井《あざい》氏と織田・徳川氏とが激突した姉川の戦いで、浅井長政側の兵として出陣し首級をあげたが、認められなかった。この浅井家に仕えていた十七歳の時に、家中の者と争論してこれを無礼討ちにしてしまった。血気にはやる若者だったのだろう。追っ手を出される騒ぎとなって同家を退いている。

戦国時代というのは、いうまでもなく実力主義である。下克上と群雄割拠で特徴づけられる乱世だった。能力や才覚次第でいくつもの国を切り取ることができる。主君が無能なら追放することもできる。斎藤道三らがいい例である。また器量があれば、天下を狙うことさえ可能だった。

「君は船、臣は水にて候《そうろう》。水よく船を浮かべ候ことにて候。船候も、水なく候えば相叶《かな》わず候か」。毛利元就《もとなり》の重臣が出した書状だが、「家臣がいなければ、主君はどうにも動けない。家臣あっての主君だ」ということを堂々と述べることができる雰囲気があった。主君絶対の江戸幕藩体制下では考えられない時代だった。

とはいえ、多くの部将にとっては誰に仕えるかは、自らの人生を左右する切実で大きな問題だった。主君によって自らの命運も大きく揺れ動いたからである。戦国時代、主君が気に入らなければ、将兵がそこを辞することはよくある。軍記ものにはいくつも、そうした主君を見限る話が出てくる。

不遇の時代過ごす

浅井家を辞してからも、どちらかといえば、不遇の時代を過ごした高虎もそうだった。湖北の浅井家の家臣だった阿閉《あつじ》義秀、次は老臣の磯野員昌《かずまさ》にいずれも八十石の俸禄《ほうろく》で仕えたが、認められなかった。さらに織田信長の弟、信行の嫡男だった織田信澄《のぶずみ》に仕えて武勇を発揮し、栄誉を得たが、気が合わなかったのか、ここもすぐに飛び出している。志の大きい男は、若い時には気位が高く、傲慢《ごうまん》な部分を持っていることがある。乱暴者のイメージもあり、なかなかいれられない。高虎は上司に疎《うと》まれるタイプだったかもしれない。

次々と渡り歩いていた浪人中に、こんなエピソードが残っている。三州吉田(愛知県豊橋市)で悪いと知りつつ、空腹に耐えかねて餅《もち》の無銭飲食をしてしまった。後に出世してここを通った時、大名行列を止めて店の主人に礼を言い、家臣一同に餅を振る舞ったという。高虎はそういう男だった。

だが、逆境の時代はそう長くは続かなかった。天正四(一五七六)年ごろ、ようやく高虎は見いだされることになった。太閤秀吉の異父弟、羽柴秀長は、この暴れん坊の二十一歳の高虎をいきなり三百石(二百石説も)で召し抱えたと伝わる。秀長は秀吉との血縁を誇ることなく、功におごることもなかった武将だ。その誠実な生き方が高虎の心をとらえたのだろう。高虎にとって人生最大の転機だった。秀長に拾われなければ、高虎は乱暴な地侍のままで終わった可能性が高いのだ。

その後の武功は素晴らしいものだった。秀吉の中国攻略に参陣し、但馬《たじま》国衆の一揆をけがをしながら鎮定《ちんてい》し、三千石を加増された。山崎の戦いで戦功、賤ヶ岳《しずがたけ》の戦いで肘《ひじ》と股《また》に戦傷を受けたが、顕著な戦功があって、秀吉から直々に千石の加増を受けている。さらには紀州討伐や九州平定など、戦場を駆け巡り、いつか紀州粉河《こかわ》(和歌山県紀の川市)二万石の大名となっていた。秀長の死後、高虎は秀長の子、秀保《ひでやす》(秀俊説も)に仕える。

秀吉、家康に仕える

だが、その秀保も死ぬ悲運にあった。ところが、太閤秀吉は支え続けてきた秀長家を取りつぶしてしまったという。この措置に反発し無言の抗議を行って高野山にこもったのが高虎だった。最初は激怒した秀吉だったが、周りから諫《いさ》められたことや、高虎の才覚を以前から高く評価していたため、下山した高虎を、何と伊予宇和島七万石の直参大名に取り立てた。高虎は文禄の役で再び水軍の司令官として奮戦、秀吉死後、徳川家康の恩顧を得て、さらに飛躍していく。

高虎の生まれ故郷、滋賀県甲良町は、郷土の誇りとして「甲良三大偉人」を選んでいるが、高虎は、ばさら大名の佐々木道誉《どうよ》とともに、その一人となっている。同町内には「在士高虎公園」が整備され、そこに高さ四メートルぐらいの高虎の立派な騎馬像などがある。

そして今年も五月に、同町の在士八幡神社で高虎とその子孫をたたえる「藤切り祭」が行われた。伝統にのっとって十二房のフジを切り取って清めたあと、例年と同様、東京の藤堂家に送ったという。在士八幡神社は藤堂家が石清水《いわしみず》八幡宮を勧請したのが草創と伝える。高虎は生まれ故郷を治めることはなかったが、この神社や公園の騎馬像が高虎の息吹を今も鮮やかに伝える。

家康に信頼され活躍

石川五右衛門が「絶景かな、絶景かな」と大見得《みえ》を切ったとして有名な南禅寺の三門(京都市左京区)。歌舞伎の創作なのだが、この三門は、藤堂高虎が、大坂夏の陣で戦死した将兵らの菩提《ぼだい》を弔うために寛永五(一六二八)年に寄進したものだ。

黒衣の宰相と称された金地院崇伝《こんちいんすうでん》のすすめがあったという。三門内には藤堂高虎像などがまつられており、藤堂一族の子孫が今も手を合わせる。当時から有力寺院だった南禅寺に寄進できること自体、高虎が大きな力を持っていた武将だったことが分かる。

情報戦で才覚発揮

高虎が徳川家康に認められたのは、京の聚楽第《じゅらくてい》内であった家康の屋敷造りに携わった時と伝わる。このころから家康と会う機会が増えており、家康の考え方や器量の大きさに心服したのは間違いない。一説には、屋敷造りの際、自費で立派な裏門を建て、家康を感激させたとされる。後に天下人になる家康に認められたことが、高虎の第二の飛躍につながる。

それだけに太閤秀吉の死後、高虎の気持ちは固まっていた。家康についていこうという決心である。朝鮮に駐留する日本軍将兵の撤退の命を受けた一人で、極めてスムーズに総引き揚げさせたので、その手腕は家康に高く評価されたという。

それから高虎は見違えるような存在となって、家康の権力基盤の強化や安定維持のために働き続ける。まず関ヶ原の合戦前に家康のために大いに動いたことが伝わっている。小《こ》早川《ばやかわ》秀秋をはじめ、朽木《くつき》元綱、脇坂安治《わきざかやすはる》らに東軍の味方をするよう勧誘・交渉し、現実に次々と西軍から東軍へと寝返ったのである。しかも各地の大名の動きを甲賀《こうか》の忍者らを使って調べ上げ、家康に逐一報告したという話も残されている。こうした情報戦で高虎は大いに活躍し、さらに家康から信頼された。

築城センス抜群

もう一つ、高虎が有名なのは城普請で、築城の名手とうたわれた。背景には、鉄砲や大砲をも防ぎ得る近世の新しい城郭が要望されていた流れがあり、それをくみ取った高虎の才覚とセンスが脚光を浴びたといえる。高虎の強みは、築城技術者としての近江の石工集団「穴太衆《あのうしゅう》」や甲良の大工集団を配下に従えていた点、さらに朝鮮出兵で発達した城壁造りの技法を知ったことだろう。そのセンスは、最初の築城となった宇和島城で発揮されている。この城の不等辺五角形の地取りは独創的だ。

関ヶ原の合戦後、大きな功があったとして高虎は四国の伊予半国を得て一挙に二十万石となり、丹波篠山《ささやま》城など天下普請《ぶしん》の城造りに活躍する。縄張り奉行などで生涯に近江膳所《ぜぜ》城、江戸城の拡張工事、和歌山城など十五前後の城造りを手がけた。国替えで伊賀・伊勢の領地を与えられて、伊賀上野城を築いた。ここの高くそびえる石垣は有名だ。

大坂夏の陣では、すでに六十歳となっていたが、井伊直孝らとともに先鋒《せんぽう》をつとめ、壮烈な白兵戦を行った。木村重成や長宗我部盛親《ちょうそかべもりちか》軍に戦いを挑み、自軍で二百五十人以上の戦死者をだしたが、相手方の八百人近くの将兵をも倒し、家康を喜ばせたという。

秀忠にも仕える

『名将言行録』には、高虎の信条として「寝屋を出るより、其日《そのひ》を死番と心得べし。かように覚悟極まるゆえに物に動ずることなし」との記載がある。江戸期に極められた武士道の一端を思わせる内容である。また「少事は大事、大事は少事と心得べし」ともいっている。大事は一生懸命に当たるので大事にはならないが、小事はおろそかにしていると、大事になると解説している。至言だろう。

「常に良き友と咄《はな》し、異見をも請け申すべく候。善悪は友によると、聞こえ候事」は高虎の処世訓の一つ。高虎は二百ヶ条の遺訓のほか、「人はひと　なさけはなさけ　仇《あだ》はあだこころはこころ　慎んでしれ」という一首を書き添えるセンスも持っていた。参勤交代の端緒をつくったのも高虎といわれ、忠誠心の証しとしてまず自分の妻を人質としたのは有名な話だ。高虎らしいやり方である。

人使いについては、こんな話もある。藤堂家から五人の不届き者が出た。伏見屋敷でのことだ。うち三人はばくちで、後の二人は遊郭通いで家財をなくした。高虎の仕置きはどうだったかというと、遊女狂いは追放、ばくち者は百日の閉門、家禄減封《かろくげんぽう》のうえ、訓告で済ました。ばくち者は人に勝とうという心があるので許したという。高虎の考え方を知る上でおもしろいエピソードだ。

元和二（一六一六）年には家康について駿河《するが》に赴き、昼夜、近侍する役を仰せつかっている。

死ぬ前に家康が「徳川家に何かあれば、その征伐の一番手は藤堂である。二番手は井伊である」と語ったことに、高虎への信頼感の高さが表れている。家康が臨終に際して高虎に「いつまでもそちとの道行きであった。だが、死んだら(別々の宗派で)違う道になる」と言ったので、高虎は即座に「天台宗に変えます」と応えた話が残っている。

高虎は戦略家であり、名参謀でもあった。「城造りの名人」ともいわれたが、若いころから数えると、七人以上の主君に仕えるという経歴があった。その巧みな処世術から「風見鶏《かざみどり》大名」といわれたこともあれば、石田三成らの動きを家康に報告していたこともあって、西軍側の武将らから警戒されていた戦国大名でもあった。

徳永真一郎氏はその著書『影の人　藤堂高虎』のあとがきで、「高虎は五十年間にわたって、おのれの天賦の実力を駆使してたゆまざる努力を続けただけである。高虎に対する悪口雑言は、彼の出身の近江商人に対する悪評と同じように、おのれが怠け者で何の努力もしなかったくせに、他人の立身出世をねたんで、したり顔にそしっているに過ぎない」と熱い思いで高虎を擁護している。時代の変化や人物の器量を見る高虎の目は大したものだった。それだからこそ、一介の地侍から、大出世の道を歩むことができたといえる。

徳川家の二代秀忠、三代家光にも大いに信頼され、寛永七(一六三〇)年、江戸柳原の藩邸で死を迎えた。その体は「御尊骸《がい》に明き所も無之程の御疵《きず》御座候、玉疵槍《やり》疵……」というように、戦傷だらけだったという。家康の信任厚かった天海僧正《てんかいそうじょう》は「寒風に向かって立ち抜く松の大木のようだった」と高虎を評した。

（二〇〇三年八月二十五日、九月一日）

斎藤道三

1494〜1556

父子二代で美濃の国盗り

美濃の戦国武将、斎藤道三《さいとうどうさん》は、北条早雲《ほうじょうそううん》、松永久秀と並んで戦国三梟雄《きょうゆう》の一人だった。山城《やましろ》の一介の油売りから才覚と手練手管《てれんてくだ》でのし上がり、一代で美濃国をものにした典型的な下剋上大名とされていたが、その出世物語はどうやら父子二代にわたる権力奪取だったことが明らかにされつつある。

これまでの「道三の立身出世物語」を根本的に見直す衝撃的な古文書が出たのが、もう二十五年以上前になる。横浜市在住の人が所蔵していた「六角承禎《じょうてい》条書写」(永禄三〈一五六〇〉年)の新史料だった。要するにこの文書は、江南の戦国大名、六角承禎(義賢《よしかた》)が斎藤道三の悪行を数々挙げて、家老らに対し、息子と道三の孫娘との婚姻に反対する意見を述べたものだ。

下剋上で台頭

そこには、道三が油売りだったとは書かれていない。道三の父親の新左衛門尉《しんざえもんのじょう》が、京都・妙覚寺の僧であったこと、西村と称し、次第に勢力を得て長井姓となったこと、息子の道三は諸職を奪い、斎藤を名乗り、美濃を掌握したことなどが明らかにされている。

最近出た『わかりやすい岐阜県史』（岐阜県発行）には「国盗《と》りは道三一代ではなく父子二代で達成された」と明記され、『岐阜県の歴史』（松田之利ら著）には「事実と物語は峻別されねばならない」と戒めている。司馬遼太郎の小説『国盗り物語』をはじめ、多くの書き物は油売りから始めて道三一人による国盗りを主軸にしているが、最近の歴史書では斎藤道三を油売りというかたちで一切紹介しないところも出ている。

道三は天文年間初期に父の死で家督を継いだようだ。主家にあたる長井氏を倒したのを手始めに、最後には守護大名土岐《とき》氏の美濃を我がものにしてしまうのである。『斎藤道三』（桑田忠親《ただちか》著）、『武将列伝』（海音寺《かいおんじ》潮五郎《ちょうごろう》著）などによると、大永七（一五二七）年、道三は五千五百の兵で美濃国守護土岐政頼《まさより》に夜討ちをかけて敗走させ、弟の頼芸《よりよし》を守護職につかせた。頼芸は道三のいいなりになったという。

徹底した合理主義

だが、道三の専横が目立つと、さすがに老臣らは黙っていなかった。老臣らが厳しく非難を始めると、政務怠慢と不行跡《ふぎょうせき》を理由に、長井家当主を殺害して乗っ取ったばかりか、ここで長井新九郎規秀《のりひで》を名乗り、稲葉山《いなばやま》城（岐阜城）を居館にしてしまったという。大胆かつ不敵な所業だった。そこには一片の道徳も情もないかのようである。あるのは、力と機略だけだったのだろう。それが戦国時代であり、道三はまさに〝蝮《まむし》〟に徹したのである。

続いて美濃の守護代斎藤利隆が没したとき、その家督を継ぎ、斎藤姓を名乗るようになった。天文十一年（十二年説も〈一五八三、八四〉）、道三は一挙に美濃を奪おうと、頼芸の大桑《おおが》城を一万の軍勢で攻めて頼芸を追い払った。道三は娘の濃姫を織田信秀の嫡子、あの信長に嫁入りさせるなど、政治力もさすがといえる。

だが、作家の海音寺潮五郎氏は「道三は人を徹底的に利用したばかりか、一旦利用価値が失せると殺してしまった。恩義の観念や仁愛の観念は、彼には皆無である」と厳しく断じている。一方、文芸評論家の尾崎秀樹《ほつき》氏は「既成の秩序やモラルを突き崩した道三は、悪と見られるが、その合理主義は近世へ道を開く先駆けだった」とまで、その〝破壊の精神〟を評価しているのが印象的だ。道三は確かに織田信長のその後の行動に影響を与えた一人といえる。

道三の先見力、洞察力を示すエピソードが一つある。尾張の聖徳寺（正徳寺とも）で織田信長と出会ったが、道三は一計を案じ、家臣数百人を正装させて出迎えた。異形で来るはずの大うつけの信長を恥じ入らせようとしたが、そのもくろみは見事に外れた。確かに、信長は道中では変な格好だったが、寺に入ると正装し、居並ぶ道三の家臣を無視するように通り抜けて柱にもたれかかったというのだ。道三は、信長の才覚と器量の大きさを認め、「我子孫必ず此人に膝を屈し、門前に馬をつなぐ事疑いなし」と思ったという。

そして天文年間後半に道三は息子義龍に稲葉山井ノ口城を譲り、鷺山《さぎやま》城に隠居したが、弘治元(一五五五)年、父の道三が二男孫四郎を立てようとしていると思いこんだ長男の義龍は、二人の弟をおびき寄せて謀殺した。義龍は一説には土岐頼芸の落胤《らくいん》ともいわれる。そして道三は翌年、この義龍と戦うのだが、長良川《ながらがわ》河畔で敗死してしまう。

信仰心あつい面も

死ぬ前に末子に残した遺書は老いた道三の人間味ある一面を照らし出すものといえよう。その遺書は京都市上京区の妙覚寺にある。討ち死にという前の日に書かれている。「そなたはかねての約束通り京都の妙覚寺へのぼるがよい。一子が出家すれば、九族が天に生じると言われる。だからこのように涙ながらに一筆をしたためた訳である。それも夢のようにはかないかもしれない」と記している。道三の死生観を映す辞世の言葉「捨てだに此の世のほかはなき物を　いづくかついのすみかなりけん」を続け、世のありようを嘆じている。

この妙覚寺というのは、斎藤家にとって極めて縁の深い寺である。史実としては、道三の父親が修行していた寺であり、伝説・物語では道三自身が幼いころ、修行に明け暮れた寺として描かれている。同寺の頂岳《かみおか》日選貫首は「斎藤家は父子二代の国盗りでした。父だけでなく息子道三もこの寺で修行した可能性があります。下剋上は悪いことのように言われるが、戦国時代では当たり前のこと。道三はやはり並みの武将ではなく才略に満ち、一面で非常に信仰の強い人でもありました」と話している。

道三一代で戦国大名に駆け登ったという歴史のロマンは、彼方へ消え入るばかりとなったが、道三の華々しくもはかない〝秩序破壊〟の軌跡は、戦国時代のあわただしい栄枯盛《えいこせい》衰《すい》を我々に今も教えてくれる。

（二〇〇三年九月八日）

浅井長政

1545〜1573

信長暗殺の誘い排す

近江の戦国武将、浅井長政《あざいながまさ》は、天下布武の野望を持つ織田信長の妹、お市を妻としたが、結局、信長に反旗を翻《ひるが》し、一転して滅亡の道を歩んだ悲運の武将である。

長政が居城の小谷城《おだにじょう》（滋賀県長浜市）で散った時、まだ二十九歳の若さだった。長政もまた、信長に翻弄《ほんろう》された男の一人である。娘は徳川二代将軍の秀忠に嫁いだり、秀吉の側室になったりした。孫の一人、豊臣秀頼《ひでより》は大坂城で敗死したが、もう一人の孫、徳川三代将軍の家光は幕藩体制を確立するなど活躍し、その運命は明暗を分けた。

湖北に勢威を誇示

戦国時代の湖北は東西交通の要衝だけに、天下を狙い上洛を目指す東海、東国の野心的な戦国大名にとって極めて重要な地域だった。祖父の亮政《すけまさ》、父の久政《ひさまさ》、そして長政の三代にわたって活躍した浅井氏は、その湖北の小谷山に広大な山城を築き、勢威を示した。上杉謙信の春日山城《かすがやまじょう》などと並んで、小谷城は日本五大山城の一つとされるほど大きい。実際、小谷山は穏やかな山容のように見えて、登れば、けっこう険しいことがわかる。長政はこの小谷城を本拠として湖北に覇を唱えた。

『改訂近江國坂田郡志』（滋賀県坂田郡教育会編）や『日本武将列伝』（桑田忠親著）などに詳しいが、浅井氏はもともと、近江に勢力を張る京極《きょうごく》氏の一家臣に過ぎなかった。長政の祖父である亮政が乱世向きのすぐれた武将だった。知謀、知略に長《た》けていたので、主家と重臣との対立の中で巧みに勢力を伸ばしていった。その後、六角《ろっかく》氏が勢力を増し、亮政らは何度か越前の朝倉氏の元へ逃げたりしたが、着実に北近江に地歩《ちほ》を築いていった。永正年間後半にはこの六角氏の軍勢に大きな打撃をあたえ、ここに北近江を完全に支配することになった。

長政はこうした激動のなかの天文年間に生まれている。ただ、当時、父の久政は六角氏に恭順《きょうじゅん》の意を示すため、妻を人質に出しており、ほぼ従属関係になっていた。そのため長政は小谷城ではなく、六角義賢《よしかた》の居城である観音寺城で誕生したと伝わる。父の久政は民政的な手腕は大いにあったようだが、戦略面では消極的だった。息子の長政と六角氏の重臣の娘との婚姻を進め、しかも六角義賢の一字「賢」をもらって賢政《かたまさ》と名乗らせていたことに表れている。ここに浅井氏家臣の一部に不満が出て、家臣団の中で対立が起こった。そして主戦派が次第に実権を握り、長政を押し上げたというのが大きな流れのようだ。

長政は先の結婚の解消など六角氏との関係断絶を進めたので、浅井、六角両氏の間で険悪な空気が流れざるを得なかった。ついに永禄三（一五六〇）年、宇曽川《うそ》を挟んで浅井側と六角側との間で戦端が開かれた。六角義賢勢二万五千と浅井長政勢一万一千が野良田《のらだ》（彦根市）で激突したのだ。

初陣で好采配

この時、長政は十六歳の初陣《ういじん》だったという。竜頭の兜《かぶと》に赤地の錦の直垂《ひたたれ》に蝶《ちょう》の金物を付けた赤色おどしの鎧《よろい》を着て、白銀の太刀を帯びるという、実にきらびやかな姿だった。戦いは一進一退のなか、浅井勢が押し込まれていたが、長政が率いる軍勢が六角本隊を急襲する作戦を敢行《かんこう》、ついに六角勢は瓦解した。戦死者は六角勢約九百二十人、浅井勢四百人とされる。長政の本隊急襲作戦は後にも採用されるが、その勇名は畿内、東海などへ一気に広まった。

野良田における長政の見事な采配《さいはい》などで家臣団の信頼もいっそう増した。この後に長政は信長と軍事同盟を結び、長政と信長の妹、お市との政略結婚がまとまり、それまでの賢政という名乗りから、長政と改名した。信長から一字もらったようだが、これを裏付ける良質な資料はない。長政とお市との婚姻も永禄四年、七年、十一年（一五五八、六四、六八）の三つの説があり、未だ確定されていないというのが実情だ。決定的な古文書が出ないので、研究者の間でも解釈はばらばらという事情がある。

佐和山城で初対面

もちろん、信義を重んじる長政らしく、信長と同盟する際に「独断で越前の朝倉氏を攻撃しない」条件をつけていたと伝わる。家臣の間に、信長の行動に全幅《ぜんぷく》の信頼を置くことはできない、という思いが根強かったのは間違いない。『浅井三代記』には「信長が上洛した暁《あかつき》には、天下のことは二人で取り決める」との密約があったとも記されている。信長が徳川家康やこの義弟の長政を片腕と考えていてもおかしくはない。真偽は別として、おもしろい話である。

織田信長と浅井長政が初めて対面したのは、永禄十一(一五六八)年八月、近江の佐和山《さわやま》城だった。信長が天下布武の思いを胸に上洛する直前のことだ。信長は長政に太刀一振り、槍《やり》百本、縮緬《ちりめん》百反などを贈り、長政は浅井家の宝刀、近江綿、馬などを贈った。この時、信長は二百五十人前後の家臣しか引き連れていなかったと伝わる。

作家の津本陽氏は著作『歴史に学ぶ』で破滅願望としか思えない信長の危険な行動の一つとして、これを取り上げている。「戦国乱世のこの時代に常識外れの行動」とした上で、「危険を承知の上で、長政への信頼感をこういう形で示したのだろう」と推測している。

佐和山城に滞在した後の帰路で、信長はさらに危険な行動に出たと伝わる。『小谷城物語』(馬場秋星《しゅうせい》著)などによれば、柏原(米原市)の寺院に泊まった際、周りにいたのは小姓十四、五人だけだったという。饗応《きょうおう》役の浅井側の家臣は、安心して泥酔した信長を後に馬を小谷城に走らせ、「信長を討ち取る好機」と訴えた。長政は大いに心を動かされたようだが、父の久政が「当家を頼み心やすううちとけし信長を殺さば、義を失う」として討ち取りに出なかったという。この時、「本能寺の変」の序曲ともいえる出来事が近江で起こっていたのである。

姉川合戦後、京に攻め入る

永禄十一（一五六八）年、上洛を決意した織田信長は岐阜を発ち、反抗的な態度を取っていた近江の六角氏を攻め落とし、足利義昭を奉じて京に入った。この時、浅井長政は兵二千を率いて信長軍に同行している。

信長の上洛は、天下布武に向けた華々しい第一歩であり、天下が信長を中心に回ろうとしていたことを示すものだった。長政は、義理の兄である信長の野望を痛いほど知ったことだろう。義昭のための二条城（現在とは全く別もの）の修築工事で、長政と信長の家臣が「長政殿はとろくさい」「信長殿は鬼だ」と言い合って斬り合いをしたと伝えられる。信長は長政を罰することなく、これを許したといい、妹婿への期待は大きかったことを示す話だ。

そして天下は元亀《げんき》争乱の時代に入る。室町幕府の最後の将軍、足利義昭が朝倉側を抱き込んで信長打倒の策謀を練っているとみた信長は、一気に朝倉攻略を実行した。元亀元

（一五七〇）年春、徳川家康や木下藤吉郎（後の豊臣秀吉）らを従えて、言うことを聞かぬ越前の朝倉討伐に向けて京都を発ったのである。三万余の軍勢だったという。

旧敵と協力、反逆

長政は悩み抜いた末、旧敵である江南《ごうなん》の六角氏と協力し、信長軍を挟み撃ちにする挙に出た。軍記ものには長政の父、久政が「信長先年起請文《きしょうもん》の約束を背き、只今朝倉退治の為に越前へ発向の事、前代未聞の表裏なり」と語ったとある。「信長を信頼してついて行けば、こちらがやられる」という浅井家の雰囲気を伝えて余りある言葉だ。

群雄割拠の乱世時代に戦国武将が、利害得失を棚に上げて恩義だけで動くことはまずないといってよい。あの朝倉氏にしても、六角氏と一緒になって浅井氏を攻めたことがあるといわれる。そんな時代だった。長浜城歴史博物館の太田浩司《ひろし》学芸担当主幹は「朝倉氏への恩顧に応えてというより、尾張から急速に台頭した信長に対する反感、反発、そして出来上がりつつあった信長包囲網を考えねばならないと思う」と語る。

板挟みのお市の方

長政は言うまでもなく信長の妹婿である。さらに信長が将来性において越前の朝倉義景《よしかげ》の比ではないことも分かっていただろう。にもかかわらず信長に反逆したのは、信長包囲網の形成という潮流のなかで「信長は必ず打倒される」との思いが強かったに違いない。朝倉氏への信頼感は信長よりもずっと大きい。だから長政は信長包囲網に加わり、朝倉側に立つ決断をしたと見てよいのではないか。

一方、従順であるはずの妹婿の反逆に驚いたのは信長の方である。最初、信長は妹婿の反逆を信じなかったという。だが、事実だった。『信長公記《しんちょうこうき》』（太田牛一《ぎゅういち》著）によると、信長は「是非におよばず」と口走ったという。信長は本能寺の変の際も、同じ言葉を発しているが、長政離反の場合、「何ということか」というような意味合いが強いように思う。

こんなエピソードも残っている。夫と兄の板挟みとなったお市の方は、両端を荒縄で縛《しば》った「袋の小豆《あずき》」を在陣見舞いとして贈ったという。これを見て信長は自らが袋のネズミであることを察知したという。

挟み撃ちにあった信長に、両軍をはねのける力はなかった。金ケ崎の陣を退いて、這々《ほうほう》の体で朽木《くつき》越えをし、なんとか京都に戻ることができた。当時は浅井・朝倉連合はそれだけ強大だったといえる。信長は一度、憎いと思った相手を許すことはない。同じ年の元亀元年、三河の徳川家康の援軍とともに、居城の岐阜を発したのは六月のことだった。

史上名高い姉川の合戦はその年六月二十八日午前五時ごろに、現在地でいうと、長浜市と東浅井《ひがしあざい》郡浅井町（長浜市）の境界を流れる姉川の野村橋付近で戦端が開かれた。同所を東西に貫く姉川の北岸側の東に浅井長政、西に朝倉勢、南岸側の東に織田信長、その西に徳川家康が陣取っていた。軍勢は浅井・朝倉側一万八千、織田・徳川側二万八千だったという。

長政は近くの大依山《おおよりやま》から進出、対岸には織田軍の旗指物《はたさしもの》が林立していた。織田陣営は鶴が翼を広げたような形の鶴翼《かくよく》の陣を張ったのに対して、兵の少ない浅井陣営は魚の鱗《うろこ》を思わせる三角形の魚鱗《ぎょりん》の陣を敷いた。『信長公記』には、

「御敵（浅井・朝倉軍）もあね川へ懸かり合ひ、推しつ返しつ、数々に入りみだれ、黒煙立て、しのぎをけずり、つばを割り……」

との迫真の戦闘描写がある。

浅井軍の兵八千は長政の指揮の下、密集体形で織田本陣に切り込んだ。数では劣っていたものの、士気はすこぶる高く、鬼神のように奮戦したと伝えられる。姉川河畔に立つ碑文にはこうある。「織田軍の十三段（通例十二段とされる）の構えの十一段まで浅井軍は突破したが、徳川軍の力戦で押し返され、姉川は血に染まった」。ついに浅井・朝倉軍は退却を余儀なくされ、戦いは午後二時ごろには終わったという。『信長公記』で浅井軍の死者約千百人とあり、『言継卿記《ときつぐきょうき》』に朝倉軍の死者約五千人とあるが、諸説がある。いずれにせよ激戦であったことは確かだ。

敗戦後も軍に勢い

姉川の合戦は、信長が勝利した戦いだったが、長政も朝倉義景も全くへこたれた様子はなかった。それどころか、姉川合戦後、なお積極的に信長包囲網の形成で動くのである。『元亀争乱』（滋賀県立安土城考古博物館編）や先の『言継卿記』などによると、その年、つまり元亀元（一五七〇）年の九月、信長が三好の討伐で摂津《せっつ》へ出陣したすきをついて、朝倉軍と浅井軍は合流して湖西《こせい》から京へ入り、山科《やましな》・醍醐《だいご》に火を放ったとある。信長は急遽《きゅうきょ》、摂津攻撃を中止して京近江に向かったが、浅井・朝倉軍は比叡山《ひえいざん》に逃げ込み、信長も容易に討ち取ることができなかったという。

すきに乗じて浅井・朝倉軍は十月に京都北郊の一乗寺《いちじょうじ》や修学院《しゅうがくいん》に下って火を放ち、十一月には堅田《かたた》奪回を目指す織田勢をたたくなど、信長を苦しめたが、幕府の調停などで一応の停戦となった。要するに、姉川の戦いに敗れたとはいえ、浅井・朝倉両軍の勢いは比叡山延暦寺《えんりゃくじ》などの支援も得て一時、信長をしのぐ時期があったといえる。当時、京に入った実力者は、社寺の保護を約束して禁制《きんぜい》を与えている。長政の発した禁制も上賀茂《かみがも》神社など京の社寺にいくつも残っている。当時の京における精力的な動きを伝えるものだ。

秀吉と対決、二十九歳で散る

元亀年間以降、織田信長の天下布武に立ちはだかる「信長包囲網」には、室町幕府の将軍、足利義昭はもちろん、近江の浅井長政、越前の朝倉義景、三好三人衆のほか、石山本願寺、比叡山延暦寺、伊勢長島の一向門徒らがあった。一見、八方ふさがりとみえる状況を個別撃破で切り開いていく信長のすごみと才覚は別格である。

京の都での一時的和解の後も、浅井長政と織田信長とはたびたび近江で対決し、戦火を交えた。後に天下人となった木下秀吉（豊臣秀吉）は信長の配下にあって、湖北に覇を唱えた長政と幾度か直接対決する宿命にあった。

横山城奪還ならず

姉川の合戦で奪い取られた横山城（長浜市堀部町）には秀吉らがいた。この横山城は長政の領地ののどに刺さったとげのような感じである。秀吉は近くの長政の小谷城を監視する役目を与えられていたのだ。元亀二（一五七一）年五月、この横山城を取り返そうと、長政は兵五千を動かしたが、成功しなかった。また八月には攻めてきた信長勢が横山城から引き揚げるのを見て、さんざんに追い討ちをかけ、相当の打撃を与えている。さらに翌年の正月に、秀吉が信長の嫡男らが岐阜で元服式を行うのに出向いた間に、大いに攻めているが、軍師竹中半兵衛（異説も）の頑張りでやはり落とせなかった。

『近江國坂田郡志』（滋賀県坂田郡教育会編）などによると、元亀三（一五七二）年七月、信長は嫡男の信忠を伴って五万の大軍で岐阜を発し、湖北の虎御前山《とらごぜんやま》と雲雀山《ひばりやま》とに陣を置いたあと、諸軍を伊香《いか》郡（長浜市北部）に進めて、各所を焼き払って進んだ。同郡志は、この時の信長の所業を口を極めてののしっている。

「江北《ごうほく》に室町時代以前の古建築の現存するもの一棟だに無きは、是《こ》れ信長の禁掠《きんりゃく》によりてなり」とし、「江北の社寺はあげて長政を応援し、信長に抗せしによるならんも、信長は実に仏敵たるは勿論《もちろん》、我が国古文化の敵というも過言にあらざるべし。後年、明智の毒刃《どくじん》に非業の最期を遂ぐるに至りしも、亦《また》、避くべからずというべし」

と書いている。

戦国時代、一日で雌雄《しゆう》を決する合戦もあったが、にらみ合いで何週間も膠着《こうちゃく》状態が続くことも少なくなかった。小谷城の攻防でも、にらみ合う両陣営の将兵が懸合《かけあい》踊りをやったというエピソードがある。『浅井三代記』に書かれているが、信長側の兵が「浅井が城はちいさい城や、ああよい茶の子、朝茶の子」と歌い踊れば、返し歌に長政側の若い兵が「浅井が城を茶の子と仰《おっ》しゃる、赤飯茶の子こわい茶の子」と返し、さらに「信長殿は橋の下の土亀、ひょっと出て、ひょっとひっこみ、ひょっと出てひっこみ、も一度出たら首をとろ」と返したとある。時にはのどかな光景が展開されたようだ。

孤立作戦は着々と

だが、信長の進める小谷城の孤立作戦は着々と進み、信長側に帰順する家臣が続出していた。信長自身もこのころには、大いに力を蓄え、浅井・朝倉勢の劣勢はいかんともしがたかった。長政は、甲斐《かい》の武田信玄の上洛を渇望し局面打開を狙っていたが、天正元（一五七三）年、信玄が死んで事態は変わった。これは浅井氏の滅亡を早めることになったといえる。

信長は、室町幕府最後の将軍、足利義昭を宇治槙島で破り、その年八月八日、信忠とともに岐阜を発し、湖北の虎御前山に入った。八月十二日の雷鳴の夜、風雨をおかして信長は出陣し、小谷城二の丸、三の丸を破った。近くの丁野《ようの》城は城門を開いて帰順した。一万五千の大軍を率いて近江に入っていた朝倉義景は、これらの落城を知って戦意をしぼませ、陣営をたたんで、越前に戻ったという。

最も頼りとしていた同盟軍を失った浅井長政側は風前の灯火《ともしび》のような存在となった。八月二十七日、信長は秀吉に命じて小谷城を攻めさせた。小丸に父の久政、本丸に長政が入っていたが、秀吉によってその間にある京極丸をまず落とされ、次いで小丸を攻めて久政は自害に追い込まれた。久政四十九歳だった。翌日、信長は自ら小谷山の途中まで登り、秀吉に本丸総攻撃を叱咤《しった》した。長政は秀吉勢らの総攻撃によく耐えたが、圧倒的な物量作戦に抗することは出来ず約七百人の家臣が戦死したと伝えられる。

『太閤記』に「その容貌《ようぼう》、ものにたとへれば、揚柳の風になびくごとく、顔色の艶《つや》にうるはしきは芙蓉《ふよう》の露」などと形容された夫人のお市、そして娘三人は落城前に本丸の外に出し、信長のもとに送られた。長政は戦国武将らしく覚悟を決めて自害したが、まだ二十九歳という若さだった。ここに、浅井三代、約五十年間の栄華は終わりを告げた。

信長の恨みは深く

この戦いのあと、小谷城に入ったのが秀吉で十二万石を得た。秀吉が雄飛するきっかけとなったのが、この小谷城の攻防であり、横山城での活躍だった。信長は浅井父子、朝倉義景の首を京で市中引き回しの後、獄門にさらしたが、これでも遺恨がはれなかったのか、落城翌年の元旦、岐阜城で信長は三人の首級を陳列した。漆《うるし》で固めて金粉をまいた箔濃《はくだみ》である。この時代においても首級は丁重に扱うものだっただけに、信長の残虐性と恨みの深さが分かるのである。

浅井家は敗れたが、長政の血は受け継がれた。長女茶々は豊臣秀吉の側室、淀殿《よどどの》となり、淀殿は秀頼を生んだ。秀吉が溺愛《できあい》し最期に「返々、秀より事たのみ申候」と言い残したのが、この秀頼だった。二女初《はつ》は名家の京極家に嫁ぎ、三女小督《おごう》(江《ごう》)は徳川二代将軍の秀忠に嫁ぎ、正室となった。小督は三代将軍の家光のほか、後水尾《ごみずのお》天皇の中宮で明正《めいしょう》天皇を生んだ東福門院和子《とうふくもんいんまさこ》も生んでいる。長政二十一回忌の文禄三（一五九四）年に、茶々の手により菩提寺として京都市東山区の養源院が建立され、寛永九（一六三二）年の小督の七周忌に、将軍家光の奏請《そうせい》により祖父長政に従《じゅ》二位権中納言《ごんちゅうなごん》が追贈され、その遺徳をしのんだ。

長政が居城とした滋賀県湖北町（長浜市）の小谷城。今も城跡の各所に苔《こけ》むした石垣が残るほか、墓所や石碑も立っている。訪れる人も少ないこの城跡に初秋の風がそよぐなか、木々の陰で昼なお暗い場所に、長政の自刃《じじん》の地がある。自らが招いた悲運とはいえ、そこにたたずむと、長政の大いなる無念が今に伝わってくるようだ。

（二〇〇三年九月十五・二十二・二十九日）

大内義隆

1507〜1551

京文化に傾倒し滅亡へ

小京都と呼ばれる町は全国各地にあるが、今の山口県山口市は最も京都らしい一つである。守護大名から戦国大名となった大内氏が下克上によって滅亡するまで、何代にもわたって山口を、京都のようなみやびの都にしようと努力してきたからだ。大内氏はその後、台頭した毛利氏に隠れたような存在となったが、一時期は「西国の雄」の名に恥じない活躍ぶりだった。

代々続くあこがれ

今も山口市内に八坂神社がある。これは、一族を大いに盛り上げた大内弘世《ひろよ》が応安二（一三六九）年、北野天神（現古熊《ふるくま》神社）とともに、京都から勧請《かんじょう》したと伝えられる。祭りで奉納される鷺舞《さぎまい》も山口や津和野《つわの》で守り続けられていた。本場の京都ではいつしかすたれていたが、これらの鷺舞を参考に半世紀ほど前に京で復活された。京文化が山口などでいかに根付いていたかを知る好例といえよう。

『京の歴史と文化(4)』(村井康彦編)や『大内義隆』(日本文化の会編)などによると、武将としての弘世は、周防《すおう》を平定し、長門《ながと》も攻め落とした上で、貞治《じょうじ》三(一三六四)年に初めて上洛した。『太平記』はこう記す。「在京の間、数万貫の銭貨……等、引き与えける……、誉《ほめ》ぬ人こそなかりけれ。人間の用捨は貧福に在りと」。大内氏の財力を都人に見せつけたのだろう。

その一方で、弘世は都のたたずまいとその文化の素晴らしさに圧倒された。武だけではない文の奥深い魅力にとらわれたのである。周防に戻って弘世は、京のような都をつくろうと、本拠を大内村から山口に移した。『大内氏実録』には「此《こ》の地(山口のこと)の繁華は此の代に起こる。山口に祇園《ぎおん》、清水《きよみず》、愛宕《おたぎ》寺を建立し、統《す》べて帝都の模様を遷《うつ》す」とある。各町ごとに京童《きょうわらべ》六人ずつを招き、地方言葉を正そうとしたという伝説もある。

応仁の乱に活躍し「西軍の雄」といわれた政弘は、この弘世から三代後である。和歌や連歌《れんが》が好きで京都で活躍していた連歌師の飯尾宗祇《そうぎ》を山口に招いている。息子の義興は約十年も京都にあってその武力によって京の治安を維持した。さらにその息子の戦国大名、義隆《よしたか》の代になると、京文化への傾倒は頂点に達したといってもよい。その間、義隆は後奈良天皇の即位の費用をすべて献上しているほか、御所の門の修理費用に百貫文《かんもん》などを贈っている。義隆の勤王心は相当なもので、これらの貢献によって位階はとどまることを知らないかのように上がり、天文十七(一五四八)年には従《じゅ》二位で兵部卿《ひょうぶきょう》やその他重職を兼務するなど、位階はなんと室町幕府将軍より上の時期もあった。

貿易の利つぎ込む

福尾猛市郎氏はその著『大内義隆』で義隆の性向として、京の公家文化を最高のものとする「貴族主義」、朝廷や幕府の権威を尊ぶ「復古主義」、家臣や周りの意見をきかぬ「独善主義」、文を愛し平和を愛す「文治主義」などを挙げている。事実、義隆時代に山口の学問文化は最高潮になる。その背景には、領国が大陸との文化・交易の窓口となり、貿易の利を獲得することができたことが大きい。京都から公家や歌人、儒者、禅僧らが続々と山口に移ってさらに華やいだものになった。公家の清原宣賢《のぶかた》が『四書五経諺解《げんかい》』を持っていると聞いて米数十石の銭貨をもって借り写させたエピソードがある。

大内氏と和歌、連歌との関係も深く、義隆が師と仰いだのは、飛鳥井《あすかい》雅俊、三条西実隆《さねたか》らだった。義隆の真骨頂は有職《ゆうそく》学であり、武家としては例を見ないほどの熱中ぶりだった。そのこまごまとした質問、応答をまとめたものに『多々良《たたら》問答』がある。幸若《こうわか》流の舞なども幸若大夫《たゆう》を招いて保護を加えている。義隆時代ではないが、日本水墨画の大成者とされる雪舟《せっしゅう》が、画業の本拠をここにおいて精進した。大内氏は財政的にも雪舟を支援したのである。

また、大内氏一族は京文化の導入でさまざまな遺産を残した。その一つに大内版と呼ばれる山口で出版された刊本がある。『蔵乗法数《ぞうじょうほっすう》』や『聚分韻略《しゅうぶんいんりゃく》』などである。大内塗は京漆器《しっき》の伝統を踏まえて盛んになったと伝えられ、大内人形は京から人形師を呼び寄せて作らせたものという。

絶頂期には西国七ヶ国を領有する最大の戦国大名となる一方、言うまでもなく義隆は戦国期にはまれな文化愛好者だった。『大内義隆記』によると、「公家のまじわりばかりにて、朝夕の遊宴には歌の披講に管絃《かんげん》し……」という状態だったようだ。天文十二(一五四三)年に出雲《いずも》の尼子《あまご》氏を攻めたが、敗北し、これをきっかけに義隆はさらに文化芸能にひかれていった。自らの公家化も志向したが、この戦国時代に武を排するかのような文の重視、京文化への傾倒は危うい選択だった。

下克上で自刃

先の『大内義隆記』には、「位階たかくあがりつ、冠を着し装束色々なりし」「弓馬《きゅうば》の道にうとくしておろそかに有事どもを、家来の老中若輩に至るまで歎《なげ》きつつ、無益の公家の出立《しゅったつ》や、当家の武士はすたりなんとつぶやく事限りなし」とある。そして、大内氏の瓦解の兆しも各所で出始めていた。周防守護代の陶《すえ》氏、長門の内藤氏、豊前《ぶぜん》の杉氏などが次第に国主的性格を帯び、大内一族は統制に苦心せねばならなかった。

武断派の旗頭、陶晴賢《はるかた》は国盗《と》りの野望を抱くようになり、重臣の「陶に謀反《むほん》の心あり」

などの忠告や進言があっても義隆は動かなかった。いたずらに歳月をむなしく過ごして、ついに天文二十（一五五一）年、陶晴賢をはじめ杉、内藤の軍勢が蜂起し、義隆は愛してやまなかった山口を追われた。陶氏反乱の報を聞きながら、義隆は幸若小大夫の舞を鑑賞していたという逸話がある。長門深川《ふかわ》の大寧寺《たいねいじ》に逃れたが、ここで結局、自刃《じじん》してしまう。

京文化への傾倒を毛嫌いしていた陶氏らの反乱兵によって、前関白の二条尹房《これふさ》ら山口在住の公卿《くぎょう》らはことごとく殺されてしまった。文化はある意味で魔物かもしれない。この魔物に最も取りつかれ、自ら悲劇を引き寄せることになったのが大内義隆だった。

（二〇〇三年十月六日）

豊臣秀次

1568〜1595

栄光から破滅への道

栄光から破滅への道をたどった数多くの戦国武将のなかでも、豊臣秀次《とよとみひでつぐ》の軌跡は鮮烈であり、その末期はなんともいえない悲しさが漂う。叔父の秀吉が戦国時代を駆け抜けて天下人となったため、秀次は思わぬ大出世を遂げた。一時は天下人を約束されたが、秀吉側室の淀殿《よどどの》に秀頼《ひでより》が誕生したことで、人生は暗転した。そこに生涯最大の岐路があったが、「ポスト秀吉」をめぐる権力闘争に敗れた秀次は、奈落の底へと落ちて行くのだ。

町づくりに非凡センス

『八幡町史《はちまんちょう》』（近江八幡市編）や『豊臣秀次』（近江八幡郷土史研究会刊）などに詳しいが、秀次は、信長が天下統一を目指して入洛した永禄年間、尾張のとある村に母ともの長男として出生した。母ともは言うまでもなく秀吉の実姉である。秀次は当初は宮部継潤《みやべけいじゅん》の養子に、次いで三好康長の養子となったあと、間もなく叔父・秀吉の養子となって羽柴《はしば》孫七郎秀次と称して出世階段をのぼって行く。

十歳半ばのころから秀次は、秀吉につき従う形で、備中《びっちゅう》の高松城攻めから、本能寺の変後の山崎の合戦、安土城下、長浜への転戦などを経験して戦《いくさ》を学んでいったと思われる。初めて一軍を統率する大将として登場するのは十六、七歳のころだ。伊勢による滝川一益《かずます》の討伐に向かい、難行苦行の連続で厳しい行軍だった。結果的に一人の落伍者も出さずに伊勢に入り、亀山城の攻略に成功したという。続いて秀吉と柴田勝家とが覇権を争った一大決戦「賤ヶ岳《しずがたけ》の合戦」で湖北の木之本付近に布陣し活躍、秀吉から河内《かわち》北山の二万石をあたえられた。

長久手の戦で挫折

自信を持ったのはよかったが、次の戦いで大失敗してしまう。天正十二(一五八四)年、秀次は抜擢《ばってき》されて、小牧・長久手《ながくて》の戦いで四軍を総指揮する立場となった。軍勢は秀吉側十万人に対して家康側三万人といわれ、秀吉側が圧倒的に有利だった。だが、押されまくったのは秀吉側で、結果的に勝敗はつかなかったものの、天下に「家康強し」を印象づけた戦いだった。

この戦いで、秀次は家康本隊に奇襲をかける別働隊一万六千人を動かしたが、これを見破られ、逆に挟み撃ちにあって猛反撃を食らい、約二千五百人以上が戦死という大損害を出した。おまけに池田恒興《つねおき》や森長可《ながよし》ら秀吉の有力家臣を失うだけでなく、自ら辛《から》くも家臣に守られて犬山城に逃げ帰る始末だった。秀次は、勇猛な武将を死なせた責任もあって前線指揮の大将を事実上罷免《ひめん》されてしまった。手痛い挫折だった。

この時、秀吉から、大垣城で謹慎していた秀次に届いた叱責《しっせき》の手紙がおもしろい。「秀吉許容致さず」「手討ちに致すべく候《そうろう》」（武家事紀）などと脅す一方、「秀吉代をも致さすべきかとも存じ候」と言い、今後の精進に期待をかける内容となっていた。秀吉が秀次を後継者として考え始めたことが表れており、秀次はうれしかったに違いない。

天正十三（一五八五）年、秀吉は紀州の根来《ねごろ》、雑賀《さいか》攻めで弟の秀長とともに秀次を副将として、汚名返上の機会を与えた。秀次はここで必死に戦い、面目をほどこす戦功があったほか、四国の長宗我部元親《ちょうそかべもとちか》を攻めて軍功があった。秀吉が秀次を見直したことは間違いない。それはこの年、秀次が近江蒲生《がもう》、神崎《かんざき》、野洲《やす》の三郡と大和国一部の四十三万石に封じられたことで分かる。

秀次が近江の八幡に入ったのは十八歳の時だった。ここが選ばれたのは、東西交通の要衝となっている近江を固めるのに好適な地理的位置にあり、東国の武将らににらみをきかせるにも絶好で、前政権の所在地・安土山も見下ろせたからだ。秀吉は秀次の親代わりとして、子煩悩ともいえる世話を焼き、城普請の際に真心《ぶしん》のこもった手紙を送っている。「秀吉自らが視察してやるから、担当の者にしっかり申しつけて置け」というような内容である。秀次を豊臣政権を支える重要な柱と考えていたことが分かる。

近江商人の地築く

ここで秀次は当時、比牟礼《ひむれ》山といわれた八幡山での築城と城下町づくりを同時にやった。これは当時としては新しかった。『豊臣秀次』（小和田哲男著）などによると、城下では「縦十二筋　横四通り（六通り説も）」の小京都的なまちづくりを進めた。かつての城下町は敵の侵入を防ぐため閉鎖的だったが、ここは開放的だった。しかも旧安土城下の商人や職人たちをそっくり移住させ、軍事面よりも商業経済面の重要性をしっかりと把握した町づくりだった。ここに商業面を重視した先例ともいえる信長のまちづくり思想の影響が見て取れるし、近江商人発祥の地としての基盤が築かれたといえる。

近江八幡市立資料館の江南洋館長は「秀次は京都を意識して碁盤《ごばん》の目状の町割りをした。ふもとの居館には金箔《きんぱく》瓦が使われていたほか、瓦の一部に跳び兎《うさぎ》の紋様を入れるなど風雅な一面もある。秀次は武よりも文を好んだ武将だった」と語る。築城や町づくりに要した人数は延べ七十万人といわれる。しかも、琵琶湖とつなぐ八幡堀の開削はユニークな発想だったし、背割りという当時の下水道建設も画期的であり、日本の下水道史上からも注目される事業だった。秀次は意欲満々の城下町づくりを進め、そのセンスは非凡だったといえる。崩壊した織田政権の有能な人材を引き継いだ可能性はある。

秀次は天正十四（一五八六）年に町 掟書《おきてがき》を発布している。その二番目は注目される内容だ。「住還の商人、上り下り共、当町に寄宿すべく、並びに船の上り下り儀、これ相留め、当浦に出入りすべし」とある。江南館長は「秀次が優れていたのは、水上交通に目を向けて、すべての船は八幡に寄るべしとの施策を採用して近江八幡の繁栄に大いに貢献したことだ。この水上交通についてでは信長さえ気付かなかった」と強調する。

秀次は八幡山城に在城していたとはいえ、京都・八幡間の往復は頻繁《ひんぱん》で、聚楽第《じゅらくてい》が完成して以降、京で生活することも増えた。天皇に強い尊敬と印象を持った秀次は、八幡山城に戻ってすぐに沖島の漁師が捕まえた大白鳥数羽を御所に献上したエピソードがある。秀次は順風満帆の人生を送っていた。

奥羽平定、功あげ関白に

豊臣秀次が近江八幡に在城したのは五年ほどだったが、その間、近江の諸将を率い九州の島津討伐に約五ヶ月出陣したほか、小田原《おだわら》城の北条《ほうじょう》討伐などの戦に参加し大きな戦功をあげた。かつての戦下手から見事に転身した姿がそこにあった。秀吉の覚えもめでたくなり、秀次は近江四十三万石から、尾張と北伊勢五郡へと転封《てんぽう》、尾張清洲《きよす》城主となった。まだ二十三歳という若さだが、百万石の大大名である。秀吉の甥《おい》ならではの出世階段駆け上がりだった。

北条討伐後の奥羽平定戦《おううへいていせん》で秀次は総大将として出陣した。配下の武将は副将の徳川家康、蒲生氏郷《うじさと》、上杉景勝《かげかつ》、石田三成らのそうそうたる顔ぶれだった。これら武将の活躍もあって九戸《くのへ》の乱など各地の反乱を鎮定したが、この後が秀次らしい。藤原氏の栄華をしのぶ平泉、紅葉の映える蔵王《ざおう》などを物見遊山《ものみゆさん》で訪れてから山形城に入った。そこで城主の最上義光《もがみよしあき》の二女で美少女の駒姫を見そめて、義光に側室として手放すことを約束させたという。これが、秀次自害後、京における駒姫の悲劇につながっていく。

文化振興にも情熱

山形を後にした秀次は迂回《うかい》して下野《しもつけ》足利郷に立ち寄り、足利学校を訪ねた。都で日々を過ごすうちに、いつか文学好きとなっていたのだ。公家志向もあった。財政的に苦しくなっていた足利学校に百石を寄進したほか、学校の存続を保証するなど、援助の手を差し伸べた。秀次の文化愛好は半端ではない。『源氏物語』を愛読していたことや、古典文学の収集、特に二十一にのぼる勅撰《ちょくせん》和歌集をすべて収集、さらに書写させていたという功績がある。また天龍寺などの五山文学の復興や謡曲の字句解釈にも情熱を示した。要するに文化人武将の一面を色濃く持っていたのだ。こうした分野から秀次を囲むグループが京にできていったのは、自然の流れだった。

奥羽平定の凱旋《がいせん》報告で上洛する途中、秀次は近江の八幡に寄って大歓迎を受けている。すでに八幡には新領主として京極高次《きょうごくたかつぐ》が入っていたが、尾張百万石の大大名としての秀次に町の長老らが次々に祝いに訪れた。「尾張にも進出せよ。便宜を図ろう」と多くの町民に盃《さかずき》を与えた。秀吉はこの年の暮れ、関白を秀次に譲り、自らは太閤となって政権移譲の道筋を天下に示した。

実権は太閤の手に

『聚楽行幸記《ぎょうこうき》』には「石のついがき山のごとし。楼門のかためは、鉄のはしら、鉄の扉、……たかく瓊殿《けいでん》天につらなりてそびえたり。その美麗あげていうべからず」と聚楽第の華麗さを記している。その聚楽第の主となった秀次の得意満面はいかばかりだったろうか。ただ関白とはなったが、実権は秀吉の手の中にあったのは言うまでもない。当初、秀次が独自で奏請《そうせい》した案件を回したところ、秀吉はそれを黙って破り捨てたという。そして関白をまかせて秀吉は不安だったのだろう。五ヶ条にわたる訓戒状を出している。その第一条で軍事指揮権は秀吉が持っていることを明らかにし、もめごとに対する公明正大な態度、仁義礼智信を欠くなということなどを強調している。この時点で後継者は秀次と決めていたのは間違いない。

朝鮮出兵で秀次は日本の総留守役となったが、この時、「留守役でいいのか」という諫《いさ》

めはあったようだ。頼山陽《らいさんよう》の『日本外史』に黒田孝高が、

「殿下（秀次のこと）の計を為《な》すには、宜《よろ》しく那古耶《なごや》に赴き、代りて軍事を統すべし。太閤己に兵事に倦《う》めり。必ず喜びて之を許さん」

と忠言したことが記されているが、秀次はこれを容《い》れなかったとある。

そしていつか、相談できるおじの大和大納言はなく、甘えられる祖母の大政所《おおまんどころ》もなく、頼りにしていた弟の秀勝もいないという状況になっていった。徐々に気分が閉塞《へいそく》していくなかで、側室の淀殿が秀頼を生んだ。一人めの鶴松が夭折《ようせつ》しているだけに、秀吉の喜びようは尋常ではなかったのは当然だ。次第に秀次が「邪魔者」となっていく。

秀次の耳にさまざまな噂《うわさ》が入り、「それはどういうことか」と考え込む性格だったようだ。心に巣くい始めた叔父、秀吉への疑念が次第に形となって表れ始めていた。宣教師のルイス・フロイスは、その大著『日本史』で、秀次について「老（秀吉）の甥である新関白（秀次）は、弱年ながら深く道理と分別をわきまえた人で、謙虚であり、短慮性急ではなく、物事に慎重で思慮深かった」と、キリスト教の布教に寛大なこともあって大変好意的な人物評をしている。ただ、アビラ・ヒロンという貿易商は「彼（秀次）の尊大さ、残忍性、……この殿様は、この王国の大身の大多数の人々から好意を抱かれてはいなかった」と指摘している。いずれも秀次の一面を言い当てていることだけは確かだ。

秀次は誇り高い武将に育ち、地位についても執着心が強かった。「太閤を以て叔父と為

さずば、則ち能《よ》く関白と為《な》るを得んや」とのかつての家臣の諫《いさ》めの言葉も耳に入らなくなっていた。秀吉から「拾《ひろい》(秀頼)に日本国の五分の一を与える、残り五分の四を秀次に与える、秀次の娘を拾の妻とする」との申し出があったと『駒井日記』に記されている。

秀頼の誕生で亀裂

だが、秀次には、「豊臣家は秀頼に継がせることではないか」と結論づけて、自らを追い込む精神的状態だったようだ。秀次は大坂城に呼ばれてこの件について問われた際、拒絶したという。これが確かなら、決定的な亀裂がこの時から起こったともいえる。だが、表面的には二人の軋轢《あつれき》はなかったかのように進み、『八幡町史』(近江八幡市発行)からみると、文禄三(一五九四)年の正月には大坂城で秀吉と会い、二月には伏見城で、その下旬には二人で吉野の花見を楽しんでいる。十月には秀次は聚楽第に淀殿を招いているほか、その直後には秀吉も訪れている。前田利家も仲を取り持つ形で能を開いたりしていた。

そして秀吉の耳には側近から秀次の悪い噂が次々と入り、次第に秀頼の行く末と秀次の謀反《むほん》を恐れるようになる。二人の亀裂は次第に大きくなっていかざるを得なかった。秀次から見れば、おじである秀吉の心変わりが許せないものになり、秀吉からすれば、秀次の性格が不気味に映り始めていたのは否定のしようがない状況になっていた。

高野山で堂々たる最期

豊臣秀次と太閤秀吉の関係は決定的に悪化し、秀次断罪は巧みに準備されていった。後世、「殺生関白《せっしょう》」に仕立て上げられていくが、当時の〝悪行〟が『太閤さま軍記のうち』（太田牛一《ぎゅういち》著）に記述され、『日本外史』（頼山陽著）では「聚楽に留守するや淫虐《いんぎゃく》、日に甚《はなは》だし。色を漁するに貴賤を論ぜず。……母子を併せとりて之をへいす。上皇崩じたまいて数日なるに、出て猟し、手ずから近臣を刃し、櫓上より人を銃して戯《たわむれ》と為し、……世、呼びて殺生関白という」（要約）とある。これらが増幅し一人歩きしていったと思われるが、現在では「秀吉の行為を正当化するために、秀次が残虐な行為をしたとでっちあげたのではないか」とみる研究者が増えている。

謀反の噂が流れる

文禄四（一五九五）年半ばごろ、秀次は朝廷に白銀三千枚などを献じたが、秀吉側はこれを朝廷と結託して事を起こすとの疑惑に仕立て上げたと伝わる。蒲生氏郷死後の領国処分をめぐって対立が際立ったともいう。世間に秀次謀反の噂が流れるのもこのころである。そして運命の七月三日、秀吉の使いである石田三成や増田《ました》長盛らが聚楽第に出向き、詰問状を読み上げた。それから数日後、前田玄以《げんい》らが秀吉の密命を受けて軍勢を派遣、聚楽第を包囲した。昼近くに伏見城に連れられるが、入城は許されず太閤秀吉の沙汰書が読み上げられた。「相届かざる仔細これあり」として「豊家《ほうけ》追放の事、関白等の官位官職剥奪《はくだつ》の事、聚楽第召放《めしはなち》の事、尾張や伊勢五郡公収の事、紀州高野山《こうやさん》入りの事」との内容だ。秀次の手にした地位や栄耀《えいよう》栄華は、なんともろく、うすっぺらのものだったかということだろう。

十日朝には事の顚末《てんまつ》は近江八幡にもたらされた。町中、騒然となり、秀次の無事を神仏に祈る以外なかった。十二日には秀次は聚楽第で遺品分けや尾張犬山城の両親への決別の手紙を書き、身辺整理の一切をすましたという。迎えの粗末な駕《かご》に乗って聚楽第を去った。沿道は町衆が群がり、涙を流したという。

政宗に加担の疑い

一方、これらと並行して奥州の伊達《だて》政宗が「関白謀反に加担の疑いあり」として二条城に監禁されたほか、山形の最上義光も娘の駒姫とともに連行された。嫌疑をかけられた最上家の家臣らは憤り、伏見城急襲や、二条城へ斬り込んで主君夫妻を助け出すなどの計画も練ったという。領国でも領主監禁の報に接して山形は動転し、伊達家と結束して挙兵の準備まで進めた話がある。秀次の領国である尾張も混乱に陥っていた。家臣らは裸同然で放り出されて浪人となり、家族を合わせて五、六万人が路頭に迷うことになった。母のともは京へ向かうが、これも佐和山《さわやま》城の三成軍勢が押しとどめた。秀次にさえ会うことはできなかった。

秀次に切腹仰せ付けの命が下ったのは十三日で、高野山にはその夕到着した。十五日、秀次は青巌寺《せいがんじ》で碁を打っていた時、福島正則《まさのり》らの使いが来たことを知ると、切腹の間を作るよう小姓に命じた。覚悟はできていたのである。潔い見事な切腹だったと伝わる。猛将だった福島正則は秀次の悲運を思って平伏したまま肩を震わせて大声で泣き出したという。

政権争いの見方も

近江八幡市立資料館の江南洋館長は「秀次は高野山で自害した時、まだ二十代後半の若さだった。もう少し、経験があれば、また仲介役の羽柴秀長が生きておれば、こうはならなかっただろう。確かに秀頼の誕生もあるが、秀吉と秀次との間で人生観、路線対立があった。これが底流でした」と語る。切腹に追いつめられた秀次だが、昨今は、地方の有力大名や公家勢力とも連携し緩やかな政権を目指す秀次派に対して、中央集権を目指す三成派が仕掛けた政権争奪戦との見方も出てきている。

一方、亀山城に送られていた愛児や妻妾《さいしょう》らが京へ連行され、八月二日、十台の牛車で市中引き回しの上、三条河原で斬首などされ、埋められた。その数三十九人と伝えられる。太閤秀吉の命だが、この中には、山形で秀次に見そめられ、京へ着いたばかりの駒姫もいた。少しの手違いで助命の工作は実現できなかった。太閤秀吉は三条河原に「文禄四年七月十五日　秀次悪逆塚」と記した木標を立てたが、すぐさま、夜半に落書が京の辻に立った。「天下は天下之天下也」から始まるもので、要約は「天下は秀吉個人のものではない。こんなことをしていたら、行く末はめでたいはずはない」という痛烈な批判だった。

聚楽第事件の衝撃

世に言う「聚楽第事件」は、大きな衝撃をもって当時の世の中に広まった。親交のあった公家の山科言経《やましなときつぐ》はその日記『言経卿記』で「不可説」と記すのみだった。『武功雑記』などには、秀次に接近していた伊達政宗は太閤秀吉の重臣の詰問に対して「いかにも秀次公とは親しきなり。秀次公に天下を御譲り、関白にまで任ぜられたれば、吾等が片目にて見損じたるは道理と存ずる。秀次公へ取り入りたり。もしこれを咎《とが》と思しめさば是非なきなり。私が首をはねられよ。本望なり」（要約）と開き直った。過去に何度もの危機を切り抜けてきた政宗らしい、したたかな対応だった。秀次に近づいていた大名の多くは似た気持ちだっただろう。

結局、政宗は許されたが、この時、奥羽から千人を引き連れて伏見に「伊達町」をつくることを申し渡されている。また十月に入って以降、大名の最上も徳川家康らの取りなしもあってようやく解放された。

京都市中京区の木屋町通三条下ルに瑞泉寺がある。京の豪商、角倉了以《すみのくらりょうい》が秀次らの塚が荒れ果てているのを哀れんで建立したものだ。秀次と側室ら三十九人の墓がある。中川龍晃住職は「権力者の手によって歴史は書き換えられる。悪逆非道の殺生関白といわれてきた秀次公だが、ようやくこのところ、本当はどうだったのか、という気持ちで、秀次公らの研究が進んでいるのが非常にうれしい」と指摘する。

同寺は繁華街の中にあって境内に一歩入ると、喧騒《けんそう》を忘れさせる静けさだ。中川住職は「秀次公は、真面目に太閤を支え生きようとした、けなげな甥であり、関白たろうと努力した人だった。だから公家衆や五山の僧らとさまざまな文化的な交流があったのです。運命的な不幸に襲われたといえないでしょうか」と語るのである。

（二〇〇三年十月十三・二十・二十七日）

三好長慶

1522〜1564

足利将軍追放し京支配

十六世紀半ば、戦国期の京は室町幕府の無力化、威信低下によって管領や四職《しき》らを巻き込み、地方からの群雄がせめぎあう舞台となっていた。こうした中で台頭したのが、室町幕府の将軍を追放し、京・山城《やましろ》など畿内一帯に一大勢力を張った三好長慶《みよしながよし》だった。天文年間に四国の阿波《あわ》から兵を率いて入洛して以来、着々と勢力を拡大し、実質的に京を支配し権力をふるった。その軌跡は下克上であり、戦いの連続だったといえる。

腕力と知力備える

戦国という時代に武将がどんな心理や意識でいたのか。それを端的に表す言葉が当時の古文書に出てくる。『太平旧事記』には、「難儀至極《なんぎしごく》にて一日も安堵《あんど》ならず」「一日片時も心の休む隙《ひま》ぞなし」などとある。家柄ではなく腕力と策謀が必要とされた時代だった。長慶はそれらを備えていたわけだ。

『三好長慶』（長江正一著）などに詳しいが、もともと三好氏は阿波の豪族であり、細川氏の家臣だった。応仁の乱後、長慶の曽祖父である之長《ゆきなが》が武略にすぐれ、管領家細川氏の内紛に乗じて摂津《せっつ》守護代まで出世したが、結局、戦いに敗れて百万遍《ひゃくまんべん》智恩寺で処刑された。父の元長は幾度もの戦《いくさ》を経て山城守護代になり、京の政治を担った大物だったが、最期は討ち死にしている。当時の京や大坂などはまさに無法地帯のようだったという。祖父の長秀も討ち死にしており、三代続けての戦死は、戦国時代ではそう珍しいことではないものの、長慶の生き方や考え方に大きな影響を与えたのは確実だ。

長慶は、千利休と同年に生まれ、謀略と奸計《かんけい》が必要とされる激動の時代を過ごしている。父の元長が戦死した際、長慶はまだ十一歳だったが、殺されずに済んだのは幸運だった。父の家臣とともに各地を転戦し、一族の三好政長や細川晴元らとも戦うが、結局、晴元に帰属し、阿波・淡路《あわじ》に戻ったのち、天文八（一五三九）年、兵二千五百を率いて入洛、堂々たる武将に成長していた。その年、摂津の越水《こしみず》城を陥れ、ここを居城とした。

長慶はすでに十七歳にして「自分から苦労を求めて努力せねば、幸福にもなれないし、神仏の加護も得られない」と考えていた。ひとつのエピソードが残っている。毎夏百日間、求聞持《ぐもんじ》の荒行《あらぎょう》を三年間続けたという。老臣が「何ぞ荒行を遊ばすことや候《そうろう》」と問うた際、長慶は「素《もと》より果報ある人は祈らずとも吉なるべし」と答え、自分はそうではないから求聞持をすると言って老臣を感心させた。長慶は若いころから努力の武将だったといえる。

入洛という華麗なデビューを遂げた長慶は、その広い度量によって確実に勢力を拡大し、各地、各社寺に保護を約束する禁制を次々と出すまでになっていた。その後も、容赦ない戦は続いた。例えば、天文十六（一五四七）年は、摂津の原田城攻めから始まり、三宅《みやけ》城攻め、春には京・東山で将軍の兵と戦い、住吉に進出したり、河内《かわち》の高屋城を攻めたりといったぐあいだ。

三人の弟が後押し

天文十八（一五四九）年、長慶は決断して実力者の細川晴元を追放、実質的に京畿に覇を唱え、畿内における主導権を確立した。さらに四年後、長慶は河内、和泉《いずみ》、大和などから兵二万五千の大軍を率いて上洛した。十三代将軍の足利義輝は船岡山（京都市北区）に出陣して、戦端が開かれたが、長慶軍は強く、義輝は丹波から近江・朽木《くつき》へ逃れ、ここに「長慶政権」が成立して、絶頂の時代を迎えることになる。

長慶は畿内・四国などの八カ国を治める最大の実力者となり、将軍並みの権勢をふるった。居城とした摂津芥川城から必要に応じて京に出向き、「将軍」になり代わって朝命を遵法《じゅんぽう》し、土地紛争を処断し、法令を制定、公布した。これは永禄元（一五五八）年、義輝の帰京まで続いたという。将軍は戻ったが、芥川城を息子に譲り、自分は飯盛《いいもり》城（大阪府大東市）に移って足利将軍をロボット化して、自在に操った。

長慶が短期間に大勢力を築けたのは、力量のある弟三人、三好義賢《よしかた》、安宅《あたぎ》冬康、十河《そごう》一存《かずまさ》がいたほか、商工業都市の堺と密接な関係を持っていたことが大きい。長慶は死ぬまでの三年八カ月、飯盛城を居城とし、最も勢力が伸張した永禄三（一五六〇）年からの一年間に、山城、河内、大和、和泉、摂津ほか、丹波の主要部、播磨《はりま》の一部を支配し、弟の義賢は阿波、伊予の一部、冬康は淡路、一存は讃岐を従えていた。

永禄四（一五六一）年には、京の立売町《たちうりちょう》、今の西洞院通《にしのとういんどおり》上立売《かみだちうり》上ル（妙顕寺《みょうけんじ》の東南）界隈《かいわい》の長慶の新館に将軍足利義輝を迎えた。形式的には長慶はあくまで管領家細川の一被官に過ぎないので、当時としては将軍来訪は異例だった。宣教師のジョアン・フェルナンデスは「都の政治は三人にて行えり。クンボー様（将軍）は国王の栄誉と名称で外《ほか》、有せず。第二の人はミヨシン殿（長慶）で臣下なれども権力を有する。第三の人はマスナンガ殿（松永久秀）」と報告している。

その後、長慶は凋落《ちょうらく》の一途をたどる。わずか三年の間に弟十河の死、義賢の戦死、子義《よし》興《おき》の病死、そそのかされての弟冬康の横死である。そして家臣であった松永久秀は、権謀術数、辣腕《らつわん》、狡猾《こうかつ》さで次第に長慶の権力をはいで台頭していくのだ。油断すれば家臣に討ち取られる戦国時代の世の習いともいえる。冬康の死から二ヶ月後、永禄七（一五六四）年、長慶は病死する。四十三歳だった。長慶の死は秘匿され、二年後、現在の大阪府八尾市にある河内真観寺《しんかんじ》で行われた長慶の葬儀では、皆涙を流したと伝わる。

信玄や信長を刺激

長慶は大きな権力を持っているにもかかわらず、自己の権益を主張し実現する以外は、案外、保守的、欲のなさをみせていた。長慶の温和さ、寛容さ、野望の希薄さとでもいうのだろうか。ある意味で長尾景虎《かげとら》(上杉謙信)のように淡泊な男だったのかもしれない。もし、長慶に大いなる野心があれば、自分が将軍となることもできたといえる。長慶の死後、家臣だった松永久秀は将軍を殺し、八年後には織田信長は室町幕府最後の将軍足利義昭を放《ほう》逐《ちく》した。長慶は近世への戸口に一番最初に立った男ともいえる。その精力的な行動は、天下取りを目指す甲斐の武田信玄や信長を大いに刺激したのは間違いない。

(二〇〇三年十一月三日)

京極高次

1563〜1609

迷走するも縁故で出世

京極《きょうごく》氏は宇多《うだ》源氏を称する近江佐々木氏系の名家だったが、戦国時代に家運は傾いた。決断力に乏しい当主が続いたためだ。これを必死の思いで再興したのが、幼いころ、織田信長にかわいがられた京極高次《たかつぐ》だった。

ばさら大名として有名な佐々木道誉《どうよ》の子孫で、家名の存続を最優先した「粘りの武将」と言われる一方で、妹（姉説も）が秀吉の寵愛《ちょうあい》する側室となったことで、ほたるのように（女の光で）舞い上がって出世したので、「ほたる大名」と皮肉られたのは有名な話だ。本能寺の変後、明智光秀に味方するなど、何回も決断を誤り命運が尽きてもおかしくないのに、それを乗り切り高次は生き延びた。しかも出世するという強運も持ち合わせていた。戦国時代でも、こんな希有《けう》な武将がいたのである。

波乱万丈の軌跡

佐々木氏は近江の守護大名として活躍した名家中の名家であり、近江の武門の雄だった。その流れの佐々木信綱《のぶつな》の三男泰綱《やすつな》が京都の六角通東洞院《ろっかくどおりひがしのとういん》に館を構えて六角氏と称したのに対して、京極氏は四男氏信《うじのぶ》が京極通高辻に館を構えて京極氏と称したのに始まる。当初は六角氏が惣領家として羽振りが良かったが、京極氏に道誉が出て立場は逆転する。足利尊氏に仕えて戦功多く、ついに室町幕府の重職である四職《ししき》家の一つになって佐々木嫡《ちゃく》流《りゅう》を称するようになったが、その後、次第に低迷し高次の代では完全に落ちぶれていた。

そんななかで高次は、永禄六(一五六三)年に京極高吉《たかよし》の長男として生まれている。母は、戦国大名、浅井《あざい》長政の姉(おば説も)であるキリシタンのマリアである。高次の軌跡はある意味で戦国時代を象徴するように波瀾《はらん》万丈だった。まず生まれた場所が、浅井氏の居城である小谷《おだに》城(徳源院説も)だったと伝わる。京極氏は名家だが、当時は城さえなく、しかもかつては京極氏の一家臣にすぎなかった浅井氏の台頭によって上下が逆転し、浅井氏の庇《ひ》護《ご》を得て城内に住まわせてもらっていたというのが実態だったようだ。『近江蒲生《がもう》郡志・巻参』には「(京極)高清《たかきよ》の時、浅井亮政《すけまさ》のために実権を奪われ、小谷城中に客居《かっきょ》し、高吉に至る三代まで沈滞極度に達した」とある。浅井氏から厄介者扱いされていたとの伝聞もあるほどである。

光秀に味方し失敗

しかも高次は幼くして織田信長の人質として岐阜城に送られていた。浅井長政の小谷城落城後、信長の家臣となり、天正元(一五七三)年、信長が宇治の槙島《まきしま》に足利義昭を攻めた際、旧臣を集めて参陣し初陣を飾った。まだ十歳だった。この功により五千石を与えられている。伊賀討伐にも活躍したが、次の一手で大いなる間違いをおかしてしまった。天正十(一五八二)年六月、本能寺の変の時だった。明智光秀は京近江の有力武将に声をかけたが、細川幽斎《ゆうさい》をはじめ多くの武将からは色よい返事はなかった。

そんななかで呼応した一人が、この高次だった。二十歳のころである。京極家再興、近江領有を念じて挙兵して秀吉の母が在城した長浜城を攻めるという賭けに出たのはいいが、そうこうするうちに、山崎の合戦で秀吉が勝利を収めたことによって天下の形勢は一気に変わり、高次は逆賊に連なる一派となった。

『寛政重修諸家譜《かんせいちょうしゅうしょかふ》』などに詳しいが、秀吉から命を狙われた高次はまず徳源院に身を隠した。秀吉の命を受けた家臣の堀秀政はかつて京極氏の旧臣だったことから、討つことをせず、こっそりその動きを伝えた。高次は地元の清兵衛の家に逃れたのち、美濃の今須の洞窟《どうくつ》に隠れた。清兵衛は食事を運んだが、ここも危ないと、越前を目指しなんとか、秀吉に対抗する立場となった柴田勝家を頼ることができた。必死の逃避行だった。

だが、高次の見通しの甘さは続く。いや、運のなさと言ってもいいかもしれない。頼っていた勝家があえなく賤ヶ岳《しずがたけ》の合戦で敗れて、さしもの名家の御曹司《おんぞうし》である高次も、まさに路頭に迷うことになる。京極家もここまでかと思われたが、高次は家名存続に命をかけていたといえよう。流浪の身となっても生き残る道を選び、妹龍子《たつこ》の夫で、若狭《わかさ》に隠居していた元小浜《おばま》城主だった武田元明を頼った。

ところが、元明も高次と同じく本能寺の変で明智光秀に加担した(ぬれぎぬ説も)ため追われる身で、近江の海津《かいづ》(高島市)に呼び出されて秀吉の命によって丹羽《にわ》長秀側に殺された。秀吉は美貌《びぼう》の持ち主だったこの龍子、つまり高次の妹をわがものにしたかったと伝わる。秀吉は結局、龍子を自らの愛妾《あいしょう》にした。これが松の丸殿である。

強運のほたる大名

この松の丸殿のおかげで高次は光秀に加担した罪を許され、湖西《こせい》の高島郡田中郷二千五百石を秀吉から与えられた。さらに秀吉は松の丸殿の歓心を買うため、九州討伐で功ありとして一万石をあてがい、大名の仲間入りをさせた。小田原討伐後、八幡山《はちまんやま》城主として高次を出世させ、慶長元(一五九六)年には大津六万石の城主になり、一小大名としては異例の従《じゅ》三位参議に任官した。この予想外の出世は世間の噂にならない訳はなかった。『戦国三姉妹物語』(小和田哲男著)では、「秀吉の側室となった松の丸殿が姉妹でなければ、近世大名としてとても生き残れなかったと思う。世間が〝ほたる大名〟とうわさしあったのもうなづける」と書いている。さらに、その後の人生の危機でも、女の縁故が功を奏するのである。

家名再興、飽くなき執念

慶長三（一五九八）年、太閤秀吉の死によって京極高次は、またも試される場面を迎えた。徳川家康と石田三成側の対決は不可避の情勢だった。本能寺の変後、明智光秀に加担して失敗し、その後、柴田勝家を頼って挫折した高次は、もう失敗できないという思いを強くしていた。生き残るには、次の天下は誰のものになるかという読みが必要だった。

だが、高次の立場は極めて微妙だった。妹は太閤秀吉の側室・松の丸殿だったし、妻は淀殿《よどどの》の妹だったから、三成側は当然、味方になるだろうと期待した。その一方、妻の妹は二代将軍秀忠に嫁いでいたから、秀忠とは義兄弟という深い関係にあった。さらに天下を狙う家康から大津城の修復などで白銀三十貫などの贈与を受けていたほか、家康が東国へ向かう際、大津城で一家総出の接待を行い、この場で家康から「火急の時は頼む」と言われていた。

とりあえず西軍に

家康側につくのか、三成側につくのか、その選択は極めて難しかった。その揺れる心を見透かすように、西軍側の脇坂安治《わきざかやすはる》や大谷吉継らが大津に集まった。東軍に味方する加賀の前田家の討伐を練り、説得を受けた。『新修大津市史・近世前期』（大津市発行）などによれば、高次は大坂城に子どもを人質として出し、とりあえず西軍側につく意向を示し、東軍討伐に向けて兵を動かすことにした。大津城の籠城《ろうじょう》準備が整うまで時間を稼ぐという作戦だったといわれる。

高次は体は西軍に向けておいて、その一方で心は東軍に向けるという〝両面作戦〟を取り、家康には鳥居元忠が守る伏見城の情勢を秘かに知らせていたという。天下分け目の関ヶ原の合戦があった慶長五（一六〇〇）年八月十日、高次は兵二千を率いて大津城を出発した。だが、その進軍のスピードは信じられないほど遅かった。様子見というか、時間稼ぎだった。二十日もたった九月一日、高次の軍勢はまだ近江の余呉《よご》（長浜市余呉町）近辺にあった。

さすがに西軍の諸将も高次を疑い始めた。内通の嫌疑も出て、高次はもはやこれまでと帰城を決意した。この際のやりとりが、『名将言行録』（岡谷繁実《おかのやしげざね》著）にある。「高次北国より帰りし時、尾関甚右衛門を近づけ、夜酒を酌《く》みて密《ひそか》に言いけるは、吾《われ》石田に与《く》みするにあらず、帰りて大津の城を守らんと思うなり。敵の真中に小勢を以て籠《こも》らんこと尤《もっと》も難《かた》きことなり。汝《なんじ》が智勇を頼むと言われしに、尾関涙を流し……骨を刻まれし候《そうろう》程の堪《た》え難きことありとも、此《この》御恩を報じ奉らん」と誓った。

世間も驚く転身

高次の軍勢は二日早朝に塩津浦《しおつ》（長浜市西浅井町《にしあざいちょう》）から船に乗り、三日朝には大津城に戻った。籠城戦は目の前だった。この転身は世間も驚かせたようだ。京の公家西洞院時慶《ときよし》は「大津の儀に世上騒し」と書き付け、醍醐寺門跡《だいごじもんぜき》はその日記に「前代未聞の儀驚き入るものなり」と記した。

戦術の一つとして高次は大津の城下町に火を付け回った。当時の覚書に「大津町中焼き払い小屋もなし」と書かれている。城兵は三千だった。西軍側は四日には毛利軍を中心に兵一万五千で囲った。毛利元康、立花宗茂らの諸将で、長等山《ながらやま》から城中に大筒《おおづつ》（大砲）を撃ち込んだ。すでに大筒は堺や近江などで作られ、戦場では普通に使われていた。五キログラム前後の砲弾を飛ばしたと推定される。その後、西軍勢は続々と到着し、兵はさらに増えた。西軍の本陣は先の長等山に置かれ、総攻撃は九月八日から始まった。湖面からも多数の船筏《いかだ》で攻め寄せ、城壁を打ち破った。ところが、高次配下の城兵は大いなる奮戦を繰り広げ、十二日になっても城は落ちなかった。十三日には外堀を埋める作戦から三の丸などを奪われ、残るは本丸のみとなった。その本丸にも一時乱入され、京極側に多くの戦死者が出たが、追い返したとある。先の部将の尾関も戦死している。

十四日に高野山の木食上人《もくじきしょうにん》が和睦《わぼく》開城を申し入れた。高次は最初断ったが、重臣らの説得によってついに開城した。十五日に高次は剃髪《ていはつ》の上、数十騎を引き連れて高野山《こうやさん》を目指して大津城を去った。そのあと、家康がここ大津城に入ったのは、二十日のことだった。広橋、烏丸《からすま》、飛鳥井《あすかい》、日野ら京の公家が大津城で家康と対面している。朝廷は天下が家康のものになったとはっきり認識していたといえる。

徳川四天王の一人、井伊直政から高次に対して高野山からの下山の勧めがあったが、高次は城を守ることができなかったとして下山しなかったという。徳川家康の高次に対する思いは諸説ある。『名将言行録』に従えば、高次は家康に対して「我一人城一つを守り遂げざりし身の立ち交わらんこと口惜しとて……」と述べたが、家康は「関ヶ原の軍危《あやふ》かるべきに、上方の大軍を数日防がれし故、味方の援《たすけ》とはなりたり。殊《こと》に敵より乞ひたる和平なれば、恥じるに足らずと言はれける。近江四十万石を賜はるべきとありしに、……高次固辞しけり」とある。

『常山紀談《じょうざんきだん》』（湯浅常山著）には一説として、「（ある家臣が）京極宰相《さいしょう》、よくもちこたえ候と申しければ、（家康の）お答えなく」、長篠の合戦時に武田の攻めをよくしのいだ部将の話をしたという。家康は当初、高次の降伏が早かったとの認識を持っていたのではないかとも推測される。

閨閥生かした処世

ただ、井伊直政は高次の味方だった。「やぶれあんどの如《ごと》き城に高次なればこそ数日敵をば支え候」と本多忠勝に語ったという。結局、高次は小浜八万五千石の城主におさまった。この時も、妻の妹が秀忠の正室であったことが大きくものをいったのは、いうまでもない。結果的に高次の閨閥《けいばつ》を利用した戦国処世術は、やはりさえていたというべきかもしれない。

京極家は、その後、高次の息子、忠高が大坂の陣で功あり、越前国敦賀《つるが》郡の二万五千石を加増してもらい、寛永十一（一六三四）年には、松江城に移り、なんと二十六万石を領した。その後、直系の子孫は讃岐国《さぬきのくに》丸亀藩主で明治維新を迎えた。また丹後国宮津藩、峰山藩、但馬国《たじまのくに》豊岡藩も京極一族が明治維新まで治める活躍ぶりだった。家名存続第一の伝統が功を奏したといえる。

京極家の菩提寺となる徳源院（清滝寺）は滋賀県米原《まいばら》市の山あいにある。京極家初代の氏信草創の寺院で、境内には有名な道誉ゆかりの「道誉桜」があるほか、歴代の京極氏の墓がひっそりと並ぶ。

同寺の山口光秀住職は「京極家は、高次の父の時代がどん底でした。そして高次は中興の祖とされるほど、家運を盛り上げた。高次は家名の再興という強烈な意識が根底にあったからこそ、頑張れたと思うのです」と高次を評価する。今も毎春、京極家当主や子孫を囲んで同寺で盛大な法要が行われる。

（二〇〇三年十一月十七・二十四日）

井伊直政

1561〜1602

武勇と知略の「赤備え」

天下取りを目指す徳川家康を終生、支え続け、徳川四天王に名を連ねた井伊直政《いいなおまさ》は、武勇と知略に優れた名将だった。幼時は不遇の時期で流浪の身となって苦労を重ねたが、家康に重く用いられ、井伊家を再興して彦根藩という大藩の礎を築いた。自らの武功や計略に酔うことなく、家康恩顧の代々の三河武士以上の忠誠心をもって戦国乱世を駆け抜けた軌跡は、見事というほかない。

織田信長は恩顧の家臣に冷たい一面があったが、徳川家康には股肱《ここう》の臣というにふさわしい家臣団がいる。久能山東照宮《くのうざんとうしょうぐう》所蔵の「徳川十六将画像」に、酒井忠次や本多忠勝らとともに、直政がいる。

家康の家臣となり

「徳川四天王」（彦根博物館展示図録）や労作の『井伊直政』（池内昭一著）などによれば、直政は遠江国《とうとうみのくに》引佐《いなさ》郡井伊谷《いいのや》（祝田《ほうだ》村説も）に生まれた。井伊氏は代々、井伊谷に本拠を置く土豪で鎌倉時代から続く名家だった。守護斯波《しば》氏の配下、今川氏の被官などをへているが、いつか今川氏との関係は良好ではなくなっていた。

直政の父、直親《なおちか》は、勢力拡大中の三河の家康側に内通しているとの密告によって今川氏《うじ》真《ざね》側に殺された。直政がまだ二歳の時だった。そこから母子流浪の生活が始まる。氏真側に何度も命を狙われるが、なんとかかわして寺などを転々とした。その後、三河・浜松の松下家の養子となって成長し、井伊家再興に向けて遠江攻略を着実に進めてきた家康の家臣への道をたどることになる。

家康との対面は偶然という説もあるが、周りの者がおぜん立てをしたと見るのが妥当だ。鷹《たか》狩り中の家康は対面の時、直政が惨殺された直親の息子であることを知っていたという。自らの人質時代を思い起こし、深く心に残るものがあったのだろう。それに、家康の正室築山殿《つきやまどの》と井伊家は姻戚《いんせき》関係があったという説があり、これも功を奏したといえる。家康は直政を直ちに近習《きんじゅ》として召し抱え、名を万千代《まんちよ》と改めさせ、井伊の姓を名乗ることを許したと伝わる。

初陣で頭角を表す

その後、直政は、初陣《ういじん》となる甲斐《かい》の武田勝頼《かつより》との戦いで頭角を表した。家康の陣中に忍び込んだ敵勢のうち、一人を討ち取り、一人に傷を負わせるというめざましい武功を立てた。直政の武勇はここから始まっている。信長が本能寺で討たれた時、家康は安土城を見学後、京をへて堺見物をしている最中だった。そのなかに直政もいたが、一行の従者は少なく手ぶら同然だった。家康が人生最大の危機に陥ったともいわれる事態だった。そこから命からがら三河に逃げ帰るのだが、道中は至るところで野武士が暴れ回り、一揆が続発していた。

そこで直政の生真面目《きまじめ》な性格を表すエピソードがある。必死で逃避行を続ける一行は途中、空腹で我慢できなくなっていた。その時、道すがらの神社に赤飯が供えてあり、家康らは素手でつかんで食べたのだが、直政だけが食べなかった。家康が「何をしている。遠慮するな」と叱ったところ、直政はこう言ったという。「逃げてください。逃げるためには食も力もいる。私はここで敵を防ぎます。斬り死にする身にはひとつぶの飯も不要です」と応えたという。直政の忠義の心に家康は深く心を打たれたに違いない。この話は武田軍団との戦いの時だったとの異説もあるが、ここには戦国時代特有の下克上の雰囲気は微塵《みじん》も感じられない。

政治的手腕も発揮

本能寺の変があった天正十（一五八二）年秋、直政は甲斐・信濃《しなの》の攻略で、北条氏直《うじなお》との和議交渉という大役に抜擢《ばってき》された。これを見事にやり遂げ、武勇だけではなく、政治的手腕も発揮し、一気に頭角を表すようになった。直政が有名な赤具足を使うようになったのは、この冬だった。家康は滅んだ武田氏の遺臣を積極的に配下に入れる策を取り、その多くが家康に帰順した。直政はこの甲信経営に深くかかわっており、帰属諸士に発給された朱印状の取り次ぎが、最も多かったのが直政だった。

その際、武田の遺臣を約百二十人も家臣として四万石を領した。『寛政重修諸家譜《かんせいちょうしゅうしょかふ》』には、この時、家康から「赤備え」を言い渡されたとあり、『井伊年譜』や『甲陽軍艦』には、武田家の家老にならったとある。長篠の戦いで戦死した武田の重臣、山県昌景《やまがたまさかげ》の軍団が「赤備え」で有名だった。家康はこの山県の戦いぶりに心をひかれていたのだ。

目立ち士気を鼓舞

「赤備え」とは、具足、旗、指物《さしもの》、鞍《くら》、鐙《よろい》、鞭《むち》に至るまで武装具関係を赤で一色に染めることで、非常に目立ち士気を鼓舞することができる。天正十二（一五八四）年に小牧・長久《なが く》手《て》の戦いで「井伊万千代直政　赤備え三千ばかりにて押太鼓を打ち、いかにもしずしずと行列正しく押し来る」と古文書にあり、『甲陽軍鑑』には「井伊兵部《ひょうぶ》をあか鬼と上方侍は申せしなり」とある。直政が擁する軍事力は武田の遺臣を得て飛躍的に向上し、小牧・長久手の戦いでは、二十四歳で、先鋒《せんぽう》を務め、大奮戦して敵の秀吉側の猛将たちを「赤鬼」と感心させたほど勇猛だった。

それを明かす話が『常山紀談』（湯浅常山著）に記されている。武田の旧臣で直政の家臣となった者たちが直政を諫《いさ》めたのだ。「武田信玄は上杉謙信を向こうざす（好敵手の意）として励んだ。殿（直政のこと）は本多忠勝を向こうざすとして励まれるべきだ」「殿は戦いではやることがおありだ。一軍の将が一番槍《やり》を取ったとして何の益がありましょう。負傷すれば、だれが命令するのですか」と言われている。

ライバルとされた本多忠勝は生涯、五十回以上の合戦に出たが、一度も負傷しなかったという。だが、直政は常に激戦の中にいた。家康四男、松平忠吉《ただよし》の介添え役になって出陣した時、忠吉が突撃しようとするのを周りは止めようと必死だった。だが、直政はこういった。「武士の子をさように用心してなんになる。放して討ち死にすれば、それだけのことだ」とはねつけたのだ。武将とはどうあるべきか、強い信念があった。

関ケ原で勇名、彦根藩を築く

井伊直政が生きたのは、織田信長が本能寺の変で討たれ、豊臣秀吉が天下を取り、徳川家康が台頭していく激動の時代だった。そんな時代に、直政は勇猛果敢な戦いぶりや知略に長《た》けた行動、恩顧の三河武士に一目おかせる向こう意気の強さをもってのし上がっていった。

主君家康の上洛問題で太閤秀吉との関係が微妙となった時期があった。秀吉は打開策として母の大政所《おおまんどころ》を人質として岡崎に送り、岡崎城での警護役に直政らがついた。直政は他の重臣に批判されるほど、親身となって大政所を世話したので、大政所は大いに頼りにし、帰路に直政が警護役となることを望んだ。そんないきさつもあって直政は帰洛《きらく》の際、同道し、大坂城では秀吉に謁見《えっけん》した。

この席に相伴《しょうばん》したのが、かつて家康恩顧の重臣だった石川数正だった。家康のもとを去って秀吉の家臣となっていた。数正出奔《しゅっぽん》の真因は今も不明とされるが、出奔後も家康に内通していたとの説がある。いずれにせよ、家康の家臣団のなかで「秀吉と親しすぎる」などの不満を持つ者が増えていたという背景があり、底流には東西三河衆の対立があったともいわれる。

直政はその時、数正を見て口もきかずぷいと背を向け、「主君に背いて関白殿下に従った大憶病者と肩を並べたくはない」と言い放ったという。何とも忠実で剛毅《ごうき》な男だった。こうした率直な男らしさを秀吉はたいそう気に入り、羽柴《はしば》姓を与えようとしたが、直政は固辞したという話がある。

家臣団で最高位に

天正十八（一五九〇）年、秀吉が全国に号令した小田原《おだわら》の北条《ほうじょう》攻めの後、秀吉の沙汰で家康が関東に移封された時、上野国箕輪《こうづけのくにみのわ》に十二万石を与えられ、徳川家臣団のなかで最高の地位に抜擢されている。秀吉没後の慶長三（一五九八）年、直政は箕輪から和田（群馬県高崎市）に移り、ここを高崎と改めたが、天下は次第に家康側か石田三成側かに色分けが進んでいった。そしていよいよ決戦の時を迎える。

『彦根市史』などによると、家康が会津攻略の途上、三成側の挙兵を知って江戸に戻ってからの軍議で、箱根での合戦を主張する声が強まっていた。これに対して直政は「（徳川家康公の）天下を掌握すること正にこの一挙にあり」として、徳川発祥の三河の地や、駿河《するが》、遠江を敵に蹂躙《じゅうりん》されてよいのかと強調、関西での対決を主張した。結局、直政らの意見が容《い》れられ、家康は上方を目指して出発した。

「抜け駆け」で開戦

九月十二日以降には清洲《きよす》（愛知県清須市）などで軍議を開いたが、また意見が真っ向から対立した。本多忠勝は「東山道《とうさんどう》にある秀忠軍（結局、関ヶ原の合戦に間に合わなかった）を待つべし」と主張、これに対して直政は「即刻戦うべし」と強調した。直政が決戦を急ごうとしたのは、家康出陣の遅れで、豊臣恩顧だが家康に味方する諸将の間で不協和音が出ていることなどを心配したものだった。家康は苦慮したが、直政の主張通り、早期に戦うことを決定した。直政がいかに重要な軍議で主導権を握っていたかを浮き彫りにするものだ。十五日に両軍は関ヶ原で戦闘態勢に入った。

直政は三千六百の兵を率いて監軍として関ヶ原に乗り込んでいた。『彦根藩朱具足と井伊家の軍制』（中村達夫著）によると、直政の甲冑《かっちゅう》は数十キロにもなり、刀傷や矢の跡、引きずったあとが無数にあったという。井伊家の家臣らは戦いで赤地に白抜きの八幡大菩薩《ぼさつ》と染め抜かれた旗字を好み、騎馬武者の母衣《ほろ》は朱のホオズキ形のものを用いた。

徳川軍の先陣は豊臣恩顧の福島正則《まさのり》軍だったが、その後方に位置していた井伊直政が騎馬隊三十人ほどで福島軍の前に出た。決戦当日のことだ。後見役として家康の四男、松平忠吉を引き連れていた。福島軍先鋒《せんぽう》の可児才蔵《かにさいぞう》がこれをとがめたが、「戦の始まるを見物して後学になし給《たま》わんと望むものなり」などの言い訳で突破し、西軍の宇喜多《うきた》秀家軍に向けて鉄砲を撃ちかけた。午前八時ごろのことだ。

当時、戦陣での抜け駆けは絶対に許されないことであり、味方同士の斬り合いもまれではなかった。それをあえて行った直政の心中には、関ヶ原の主戦部隊の多くが豊臣恩顧の武将であったことから、なんとか家康側主導の形をつくりたかったとの見方がある。直政の突入によって関ヶ原の合戦の火ぶたは切られた。

そして午後二時ごろ、ほぼ東軍の勝利が決まった後、直政は島津軍が東軍を突破して敗走していくのを見て、直ちに追撃した。この時、直政は敵兵の銃弾を浴びたものの、ひるむことなく追撃を続けたが、島津軍の必死の反撃で右腕と馬を撃たれて落馬した。直政らしい行動だった。出血がはなはだしく心気朦朧《もうろう》となってようやく止まったという。大将でありながらあまりに勇猛果敢だったことが裏目に出た場面だった。本陣に戻った時、家康は手ずから薬をつけて「本日第一の功なり」と功績をたたえたという。

名誉の負傷命取り

関ヶ原の勝利の後、直政は慶長六（一六〇一）年、三成の旧領六万石も得て、都合、十八万石の近江・佐和山《さわやま》城主となり、ここに彦根藩の基礎が固められたといえる。この時の和歌が『東浅井《ひがしあざい》郡志』（黒田惟信編）に載せられている。「祈るぞよ子の子の末の末までも守れ近江の國《くに》つ神々」である。だが、直政の病状は関ヶ原の合戦で負った傷が悪化していた。有馬へ湯治《とうじ》に出かけているが、すでに手が使えない状態で、四十二歳で世を去った。

直政はこうして戦場で勇猛だったが、意外にも日常は寡黙《かもく》だった。家康が秀忠夫人にあてた手紙で「（直政は）沈着で大事を洞察する男である。いつもは口数は少ないが、事が決したらすぐに実行する。自分の考え違いをただしてくれる。何事も直政に相談するようになった」（要旨）と、直政の人柄をたたえ、信頼がいかに厚いかを明らかにしている。それだからこそ、家康は大坂や京ににらみをきかすのに最も重要な拠点として彦根に直政を据えたといえる。

直政の死後、井伊家の家督《かとく》を正式に相続したのは嫡男《ちゃくなん》ではなく庶子の直孝だった。二代将軍秀忠も直孝を大いに信頼し、遺言で三代家光の後見役となるよう命じている。直孝は譜代《ふだい》大名中、最大の領地を与えられ、四代将軍の家綱をも支え続けた。

彦根城博物館史料課の野田浩子学芸員は「大坂の陣で直孝は、勇猛だった父直政を彷彿《ほうふつ》とさせる戦いぶりを見せるのです。家康は人材登用の名人でしたが、家康の手によって最後に抜擢されたのが、この直孝といえるでしょう」と語る。その後も井伊家は幕府を支える人材を出し続け、幕末には大老井伊直弼《なおすけ》が出た。

松永久秀

1510〜1577

謀略得意、築城で異彩

裏切りや謀略の限りを尽くした戦国武将に松永久秀《まつながひさひで》がいる。斎藤道三《どうさん》や北条早雲《ほうじょうそううん》と並んで戦国の三奸雄《かんゆう》と名指しされたが、茶道具収集だけでなく城郭建設に芸術的な感性を発揮するなど、悪党呼ばわりだけではすまない、不思議な個性を持った武将だった。

世人のなしがたき事三つ

久秀の悪党ぶりを浮き彫りにする有名な話が残されている。『常山紀談』（湯浅常山著）などによると、徳川家康が織田信長と対面した際、かたわらに久秀がいた。信長は「この老翁は世人のなしがたき事三つなしたる者なり」と始め、「将軍（足利義輝）を弑《しい》し奉り、又己が主君の三好を殺し、南都の大仏殿を焚《やき》たる松永と申す者なり」と紹介した。久秀は汗を流し黙して語らずだったと伝わる。謀略の奇才といわれる久秀だったが、信長には頭が上がらず、遠慮会釈のない言葉にも反論できなかったのだろう。

もう一つ、こんな話も伝わっている。信長の石山本願寺攻めに加わっていた時、久秀は先頭に立って茶会を開くのはもちろん、部下に郷里の女房を呼ばせひとときを過ごすことを許したほか、陣中で饅頭《まんじゅう》を作って他の陣営にも売り歩かせたというのである。型破りだった。

生まれや育ち不明

『新編　日本武将列伝』（桑田忠親《ただちか》著）などによると、久秀は京の山城・西岡（京都市西京区）出身とよくいわれるが、あくまで一説である。これ以外に阿波《あわ》出身や近江説もあり、生まれも育ちもほぼ不明といってよい。天文十（一五四一）年ごろまでには、京都で活躍する三好長慶《ながよし》の右筆《ゆうひつ》（書記）となり、懐刀《ふところがたな》となって台頭していく。北条早雲と同様、遅咲きで、歴史の表舞台にはっきりと登場するのは天文年間後期で、四十歳になってからだ。

最初は摂津《せっつ》滝山城主（神戸市中央区）だったが、後に大和信貴山《しぎざん》城（奈良県生駒《いこま》郡）に移った。その後、永禄三（一五六〇）年には長慶の命によって大和を平定する軍功を上げ、長慶の久秀に対する評価もさらに高まった。このころから次第に軍略家としてのさえも見せ始め、主君に取って代わろうとする野心を抱き始めたのは間違いない。時代の空気がそうだった。

宣教師ルイス・フロイスは『日本史』で、久秀について「三好殿の下にもう一人の執政があって、名を弾正《だんじょう》殿（久秀のこと）といった。この人は大和国の殿で、年長じ、勢力あり、富裕で、人々から恐れられていて、たいそうおそろしい暴君だった」と記している。

最初は将軍義輝も、主君の長慶も、久秀を重宝な男と思っていたが、見事に足をすくわれる。奸智《かんち》にかけては天才的な男だったのである。京にあって税（人頭税や通行税など）を思いのままにかけ私腹をこやしたという。その金で朝廷や有力公家に金品を贈り、主君を招いて猿楽《さるがく》を催したりして歓心を買うのはお手のものだった。

奈良大仏殿焼く

一方で、主君長慶の結束の固かった兄弟らを讒言《ざんげん》や根拠のない噂話、謀略話などで、その信頼関係を突き崩し、なきものとする一方、長慶の嫡男の毒殺説があるほか、長慶の嗣《し》子《し》義継を京から追い出し、その美貌《びぼう》の妻、左京大夫局《さきょうだいぶのつぼね》をわがものとする悪辣《あくらつ》ぶりも発揮している。精神的に完全に落ち込んだ長慶を、久秀は思い通りに操り、京の都を一時期、勢力範囲に収めることもできた。

次に言うことをきかぬ将軍義輝に目を付け、三好三人衆らとともに、永禄八（一五六五）年五月、二条の館に攻め込み、兵力一万二千で義輝を討ち取った。将軍を攻め殺すことが平気で行われるほど、室町幕府の権威は低下していたわけだ。ところが、擁立した十四代将軍義栄《よしひで》をめぐって久秀と三好三人衆は次第に対立し、和泉国《いずみのくに》の戦いで久秀は大敗を喫し堺に逃れたが、これで引き下がる男ではなかった。

態勢を立て直して、永禄十（一五六七）年、三人衆が陣取る東大寺に夜襲をかけて三人衆の軍勢を追い散らすが、この混乱の中で東大寺は炎上し、大仏殿は焼けてしまった。奈良の大仏は広く庶民の信仰を集めていただけに、久秀の悪名は天下に鳴り響くことになった。

確固たる政治権力が不在のなか、京では常に小競り合いが行われていたが、天下取りの野望をもって信長が永禄十一（一五六八）年、上洛した途端、天下の形勢は全く変わった。信長の実力を知る久秀は早々に屈服し、〝家臣〟となるのである。信長は久秀を京都に明るい男として活用しようという魂胆だったのだろう。だが、久秀はしたたかだった。数年後、久秀は甲斐《かい》の武田信玄に通じて信長に背いたが、進軍途上で信玄は死に久秀らのもくろみは外れてしまった。再度、信長に降伏したが、殺されずに許されたのは意外だった。なお信長は久秀に利用価値を感じていたのだろうか。

信長に討たれる

久秀は信貴山に城を構えたのち、奈良の北西に多聞山城《たもんやま》を築き、ここを居城とした時期がある。この多聞山城は当時としては極めて大規模で壮麗な城だった。宣教師のアルメイダは多聞山城のことを「この城は日本のなかでも最も美しいもので、また世界でも類を見ないほどのものだ」と記すほどで、信長の安土城建設の際にも大いに参考にされたという。近世城郭に見られる白壁長屋造りの「多聞櫓《やぐら》」はここに由来しているし、城内には障壁画を持つ美しい書院をもうけた。要するに久秀は近世城郭建築の先駆者として名高いという異色の一面を持つ風流大名でもあった。

その後、越後の上杉謙信が動き、天下の形勢が信長に不利になってくると、石山本願寺攻めに加わっていた久秀は突如、大和・信貴山城に戻って反信長ののろしを上げた。計算高く権謀術数《けんぼうじゅっすう》に長《た》けたはずが、あまりに見通しが甘く、今度は信長も許さなかった。信長勢はこれを二万三千の兵で攻めた。

滅亡が迫るなか、久秀は日課としていた灸《きゅう》をゆうゆうとすえさせたという。信長の使者から天下の名器とされる平蜘蛛《ひらぐも》の茶釜を譲るよう勧められたが応じず、それを首につるして自爆したと伝わる。信長に意地を見せながらの、久秀の最期にふさわしい壮烈さだった。

（二〇〇三年十二月二十二日）

朽木元綱

1549〜1632

苦渋の反逆、家名存続

山々に囲まれた滋賀県高島市は昔から京の都とは関係が深かった。若狭《わかさ》街道、いわゆる鯖《さば》街道でつながり、隠れ里として室町時代後期には数度にわたって将軍が戦乱の京から逃れて、この地で過ごしている。高島市朽木《くつき》岩瀬にある興聖寺《こうしょうじ》には、十二代将軍足利義晴が三年間滞在した際、管領の細川高国らが将軍を慰めるため作庭した旧秀隣寺《しゅうりんじ》庭園（足利庭園）が今に残されている。

『鯖の道・朽木　歴史編』（朽木村商工会発行）によると、将軍とともに一部の公家衆やお供衆らが朽木に移り、将軍の決裁すべき申請状のほか、全国の大名らからの栄転・叙位などの推薦状などが送られ、朽木で各種の政務が執られていたことが分かる。公家の三条西実隆《さねたか》が「都こそいまは朽木の杣《そま》ならし　紅葉も花も行衛《ゆくえ》しらねは」と詠み、将軍が京にいないことを嘆いたのもこのころだ。

代々足利家に忠節

朽木氏はこの朽木荘《くつきのしょう》を中心に活躍した武将だった。佐々木信綱を初祖とし、その二男が高島朽木の祖となり、孫の義綱時代に地名をとって朽木氏と称した。鎌倉時代の弘安十（一二八七）年のことだ。名家として常に室町幕府の将軍と深い関係を保っていた。

歴史の表舞台に本格的に登場するのは、稙綱《たねつな》の時代である。稙綱は先の足利将軍義晴が京を追放された時、自らの館に滞在させて、忠節を誓った武将として知られる。これが元綱の祖父である。元綱の父晴綱は三十三歳の若さで天文十九（一五五〇）年、西近江の地で討ち死にしており、世は戦乱真っ盛りだった。

『寛政重修諸家譜《かんせいちょうしゅうしょかふ》』には、永禄十一（一五六八）年四月、若武者に育った元綱が京の六条本圀寺《ほんこくじ》に将軍義昭が止宿していた時、三好一族が攻めるとのうわさで、馳《は》せ参じて戦ったことが記されている。同年には、湖北の戦国大名、浅井《あざい》久政、長政父子が元綱に、浅井家と朽木家との同盟関係を強化する内容の起請文《きしょうもん》を出している。浅井の勢力が湖西にまで及んでいたことを示す記録で、その際、元綱は千石の領地を長政からもらったと伝わる。

信長を京に道案内

二年後の元亀《げんき》元（一五七〇）年、織田信長が越前で戦国大名の朝倉義景《よしかげ》と、朽木氏と同盟関係にある長政の挟み撃ちに遭って京へ逃げ帰る際、信長が取った退却路は若狭街道だった。長政との同盟関係を重視すれば、ここで元綱は一戦を交えてもよい状況だった。『日本外史』（頼山陽《らいさんよう》著）などによれば、この時、元綱は甲冑《かっちゅう》姿で将兵を率いて迎えようとしたため、信長は「異心あり」と疑った。信長に臣従し同行していた戦国の梟雄《きょうゆう》、松永久秀が乗り込んで元綱を説得した。

その結果、元綱は兵を退け、甲冑を脱いで単衣《ひとえ》広袖《ひろそで》の服に着替えて信長の警戒心を解いたという。朽木村教育委員会の清川貞治教育長は「信長は朽木で一泊したとも、すぐに京を目指したともいいます。ただ、街道筋には多くの関所があり、付き添う者がいなければ、通過するたびに狙われる。元綱は大原辺りまで信長一行を道案内したのではないか」と語る。

元綱は本能寺の変の際、明智光秀側、豊臣秀吉配下の細川幽斎の双方から手紙を受け取ったようだ。成り行きを見つめて秀吉側についたが、大きな岐路だった。その後も、元綱はきわどいところで時代の流れに乗っている。裏切りもあった。

天下分け目の関ヶ原開戦前、元綱は大谷吉継の与力《よりき》としてその配下にあり、合戦では兵六百を率いて西軍側として出陣していた。だが、すでに近江出身の武将、藤堂高虎を通じて家康側に内通していた。「藤堂高虎によりて御麾下《きか》（徳川家康側）にこころざしを通じてたてまつり、筑前中納言（小早川）秀秋とおなじく（大谷）吉継が陣を撃ち破り」（寛政重修諸家譜）とある。秀秋はもちろん、脇坂安治《わきざかやすはる》らとともに寝返りは戦う前に仕組まれていたのだ。

決戦の九月十五日昼すぎ、裏切りの秀秋に続いて元綱らも西軍側の吉継の陣を急襲した。

だが、関ヶ原合戦後の処遇はそれほど歓迎すべきものではなかった。『朽木村志』（朽木村教育委員会刊行）などによると、元綱の領有は朽木荘二十九村など約九千六百石で、藩とはならない一万石を切る所領しか与えられなかった。元綱は「風当たりが少なくてすむ。これでいいのだ」（朽木村の歴史・朽木村郷土資料館編）と言ったとある。朽木家断絶を回避できた安堵《あんど》感の方が大きかったのかもしれない。

元綱はその後、大坂冬の陣、夏の陣に参戦し、寛永年間に朽木で往生した。元綱が従った諸将を見ると、はじめは六角《ろっかく》氏、その後、浅井氏、そして信長、秀吉、家康などと替わっている。評価は分かれるだろうが、元綱のような小さな領主は転身が早くなければ、とても激動の戦国期を生き残ることは不可能だったのは間違いない。大谷吉継のような潔い生き方は出来なかったが、元綱の苦渋の決断によって朽木家は存続したのだった。

子孫は文化人大名

その後、朽木家は長男の宣綱《のぶつな》が家督を継ぎ、二男の友綱は将軍徳川秀忠の御書院番となった。三男の稙綱《たねつな》は家光にかわいがられ、常陸国《ひたちのくに》土浦藩三万石の大名に出世した。京都との縁でいえば、稙昌《たねまさ》時代に先の土浦から丹波国福知山城に転封《てんぽう》となって、その後、明治維新まで朽木家が支配した。

この福知山藩の八代藩主になった朽木昌綱は文化人大名だった。『福知山藩主　朽木十三代』（福知山市発行）や『情報大名　朽木昌綱』（小出進著）などに詳しいが、十八世紀後半、江戸の藩邸でオランダ語を習得して西洋の科学技術を熱心に学び、〝蘭学大名〟とも称された。杉田玄白《げんぱく》や司馬江漢《こうかん》、大槻玄沢《おおつきげんたく》、オランダ長崎商館長のティチングらと交友を持つ知識人だった。地理学研究でもすぐれており、『泰西輿地図説《たいせいよちずせつ》』などを出版している。

福知山市地域振興課の崎山正人氏は「昌綱は、蘭癖《らんぺき》大名と呼ばれるほど蘭学に傾倒し、蘭学者のパトロンでもあった」と語る。父の六代綱貞も文化人で、「荒木神社神馬図」「牛若図」など見事な狩野《かのう》派の絵画を残している。

（二〇〇三年十二月二十九日）

明智光秀

1528（推測）～1582

己信じ「信長の悪虐」討つ

逆臣という観点から日本史をひもとけば、織田信長を京の本能寺に討った明智光秀《あけちみつひで》は最右翼に位置するだろう。だれもが信長を恐れた。反抗することは絶対にタブーだった信長を討とうと決断した時、光秀は身震いするほどの極度の緊張の中にあったに違いない。下剋上が当たり前の戦国期は、少しの油断が命取りになる時代だった。

今も地域で祭り

信長の油断をついた光秀は江戸期以降、今日まで逆臣、謀反《むほん》人のレッテルをはられたままだが、統治した亀岡や福知山では慕われ、今も地域上げての祭りが行われている。京近江における光秀の行動や心の軌跡をたどれば、己を信じて精いっぱい生きた武将の姿が浮かび上がる。

本能寺の変があった天正十（一五八二）年の正月、光秀は近江の坂本城（大津市下阪本）で堺の豪商の津田宗及《そうぎゅう》らとともに茶会を開いている。宗及の残した文書を見ると、床の間には信長自筆の書がかかり、信長から拝領した八角釜を使っていたことが分かる。このことからも、正月にはまだ謀反の意志は確かなものではなかったといえるだろう。それから半年、光秀の心境は大きく変化していった。

愛宕山《あたごやま》山頂の気象の変化は目まぐるしい。十メートル先も見えないほどの霧が長い間、立ちこめていたと思うと、突然、数分間、その霧が消えて視界が開ける。そしてまた霧である。標高九〇〇メートルを超す頂上には愛宕神社（京都市右京区）がある。大きくはないが、古社としてひっそりとたたずむ趣がある。

戦国時代には武士の間で愛宕信仰が大いに流行していた。愛宕大権現に戦勝を祈願するのである。その年の五月二十七日、近江の坂本城主であり、丹波の亀山（亀岡）城主でもあった光秀は亀山城から、この愛宕大権現に参籠《さんろう》した。眼下には京の都が一望だ。同神社の岡本周次郎権禰宜《ねぎ》は「当時はここから本能寺もよく見えたことでしょう」と語る。

決意の時、心乱れ

『明智光秀』（高柳光寿《みつとし》著）や『明智光秀のすべて』（二木《ふたき》謙一編）などに詳しいが、光秀は二度、三度とくじを探ったという。翌二十八日に同神社西の坊で連歌《れんが》の会を催した。当時、連歌は武士のたしなみであり、多くの武将が戦勝祈願の連歌を楽しみ、情報交換した。

西の坊の連歌会には連歌師で有名な里村紹巴《じょうは》もいた。光秀は有名な「時は今あめが下しる五月哉《さつきかな》」と発句を詠んだ。これが後に謀反の意志を表した句と解釈されたのはもっともなことだった。「時」は光秀の出自とされる「土岐《とき》」氏と決起の時に通じた。天下取りをひそかにもらした内容とされ、秀吉はこの歌を知った時、紹巴を呼んで厳しく責めたというわくつきのものだ。

連歌会の翌日、光秀は心ここにあらずの風情で配られた笹粽《ちまき》を笹の葉が巻かれたまま口に入れて恥じたり、突然、本能寺の堀の深さを尋ねたりしたという逸話も残している。冷静で沈着な光秀にしては珍しいことで、心は千々に乱れていたのだろう。二十九日には信長暗殺の決心がついていたと大方の研究者はみている。

光秀が近江の安土城で信長から受けた命令は、備中《びっちゅう》の高松城を攻める羽柴《はしば》秀吉を支援せよというものだった。六月一日、夜に入って亥《い》の刻（午後十時ごろ）に亀山城から三段に備えた明智軍が出発した。一万三千の兵である。

『明智光秀』（小和田哲男著）によると、この日、信長は宿舎の本能寺で盛大な茶会を催している。ここには名物茶器三十八点が披露されたという。茶会の後、信長は本因坊算砂《ほんいんぼうさんさ》らの囲碁の対局を見て床につき、嫡男《ちゃくなん》の信忠は妙覚寺に戻った。『京都の歴史』（京都市史編さん所発行）によれば、信長の上洛は、もちろん中国出陣のためだったが、先に朝廷から将軍か太政大臣か関白かに任じたい旨の要請を内々に聞いており、その回答もあったのではと推測する研究者もいる。

光秀はその夜、「信長公に軍用、軍装を検分してもらう」という名目で老ノ坂《おいのさか》へ軍を進めるが、途中、今の亀岡市篠町《しのちょう》で勢揃いを行い、重臣らに謀反を打ち明けた。場所は篠八幡宮だったという異説もある。絶句した重臣もいたようだが、「今はもう踏み切るほかありませぬ」「明日より殿を上様と仰ぎ申すべきことは案のうちでござる」などと、この驚くべき陰謀は早々に同意された。

敵は本能寺にあり

深夜の午前零時ごろ沓掛《くつかけ》（京都市西京区）で小休止して夜食を取り、二日の午前二時ごろ、桂川に着いた。ここで、鉄砲の火縄に火を付けるなどの臨戦態勢を取らせている。兵たちの間に何かがあると思わせるに十分な行動だった。桂川を渡ってすぐに、頼山陽《らいさんよう》の漢詩で有名な「吾が敵は本能寺にあり」ということを全軍に明かしている。『川角《かわすみ》太閤記』などには「今日よりして（光秀公は）天下様にお成りなされ候《そうろう》……勇み喜び候へ……手柄、この度の儀にて候」（要約）とある。謀反を危ぶむ声は一切出なかったのだ。

二日早朝、光秀が本能寺を取り囲んだ時、信長の手勢は百人ぐらいだった。当時の本能寺は蛸薬師《たこやくし》通《どおり》小川角界隈《かいわい》にあり、四方に堀をめぐらせその内側に土塀を設ける惣構えで、城郭の趣があったと伝えられるが、水色のききょうの旗を先頭にした光秀の軍勢は圧倒的だった。鬨《とき》の声、鉄砲の響き、「何ものか」と問うた信長が光秀の謀反と知った時、「是非に及ばず」と語ったと、『信長公記《しんちょうこうき》』に記される。「是非に及ばず」は信長の口ぐせでもあった。信長は弓や槍《やり》をもって奮戦したが及ばず、奥の間で自刃《じじん》して果てた。息子の信忠も妙覚寺から二条御所（旧足利義昭邸）に移って戦ったが、ついに自刃した。

作家の海音寺《かいおんじ》潮《ちょう》五郎《ごろう》氏は対談で「信長は徹底した合理主義で、役に立たない人間はひねりつぶしてしまう。やっぱり終わりはまっとうできません」と語っているが、当時の禅僧、安国寺恵瓊《えけい》が信長を評して「高ころびにあおのけにころばれ候ずる」と予言していたことが現実になった。

その当日の光秀の書状が今に残されている。美濃・野口城の西尾光教《みつのり》にあてたもので、次のように記されていた。「信長父子の悪虐は天下の妨げ、討ち果たし候」。単刀直入の内容だった。

出自や前半生、謎多く

京で起こった「本能寺の変」は大きな衝撃をもって東国へ、そして西国へと伝えられていった。天下人になるはずだった織田信長を不意討ちした明智光秀の挙兵は各地の武将を驚かせるに十分だった。

あの用心深い徳川家康でさえ、見物中の堺で腰を抜かさんばかりに驚いた。多くの庶民にとっても息をのむ出来事だったといえる。まさに大胆不敵、想像を超える突出した行動に打って出た光秀だったが、「本能寺の変」の一年数カ月前には得意の絶頂にあったのだ。

「馬揃え」責任者に

信長は天正九(一五八一)年二月に京で壮観な「馬揃《ぞろ》え」を行っている。「馬揃え」は今でいえば、大規模な軍事パレードに相当するものだ。御所内裏《だいり》の東側に馬場が設けられ、長さは約九百メートルもあったという。この時の総括責任者が光秀だった。織田家の重臣のなかでついに実質的トップに登り詰めたという意識、自負があったのは間違いない。

この「馬揃え」には中国攻めの羽柴秀吉を除き、信長、息子の信忠、光秀はもちろん、柴田勝家、丹羽《にわ》長秀、村井貞勝らが家臣を率いて次々と行進した。行進兵は合計六万人にも達し、見物は正親町《おおぎまち》天皇はじめ、公家衆、町衆ら十万人以上と伝えられている。当時、信長は譲位問題などをめぐって正親町天皇と対立していたこともあり、軍事的な威圧を感じさせることも意図にあったとされる。

信長は光秀の才覚と武略、朝廷や公家衆との人脈などを高く評価していた。例えば、天正元(一五七三)年のエピソードだが、信長が武田信玄の死を知って「信玄こそ良将なり。古来よりの名将、幾人ありや」と問うた。光秀が坂上田村麻呂《さかのうえのたむらまろ》から信長までをあげたのに対して、信長は「光秀こそ無双の名将なり。若手にては徳川家康、凡下《ぼんげ》には羽柴秀吉なり」と答えた話がある。光秀と信長の蜜月時代をしのばせるものだ。光秀にしても「信長あっての光秀」であることを深く心に留めていたはずだ。

城落ち諸国を流浪

命令を次々とこなし急速な出世を遂げた光秀だが、その前半生は分からないことが多い。生年は享禄元（一五二八）年説が有力だが、定かではなく、父の名にしても光綱のほかに諸説ある。断片的な史料や書状によって推し量る以外ないのだが、そこがまた謎となって光秀の魅力が増すことになる。『明智光秀』（小和田哲男著）などによると、最初に注目される史料は『立入宗継記《たてりそうけいき》』だろう。

ここで光秀は「美濃国住人　ときの随分衆也」と表現されている。中世に美濃の守護だった土岐氏一族の相当な地位にあった男ということを伝えている。地誌『美濃国諸旧記』には、現在の岐阜県可児《かに》市にあった明智城の最後の城主が光秀だったと記している。その明智城が落城し、光秀は流浪の身となって越前の朝倉義景《よしかげ》を頼ったという説に説得力がある。

光秀は美濃の土岐氏という名家の出を意識する野心を持つ男になっていた。その一端を示すエピソードが『明智軍記』や『名将言行録』（岡谷繁実《おかのやしげざね》著）などに記載されている。そのひとつに、光秀の野望を示す「大黒を拾う」という話がある。弘治年間、流浪中の光秀は越前の東江川を渡る時、大黒を拾った。これは福神と大いに喜んだが、ある人が「この福神は千人の司なり。信心されよ」と説明したところ、光秀は「千人では（少ない）な。福神とて信心すべき神ではない」と打ち捨てたという。

先の小和田氏らは京の十三代将軍足利義輝に仕えた可能性について言及している。もしこれが事実なら、朝廷での人脈や有職故実《ゆうそくこじつ》などはここで身につけた可能性がある。ところが、義輝の自害によって光秀は再び浪人となり、越前の朝倉義景に仕官するまで諸国を遍歴し軍法や兵法などを武者修行したと伝えられる。

義景の家臣となった光秀は鉄砲の名手だったという。約五十メートル離れた的に百発中、六十八発も命中させ、残る三十二発も的の近くに当たった。『明智軍記』にその鉄砲さばきの見事な腕前に感心した義景が光秀に約百人の寄子《よりこ》をつけたとあり、『細川家記』にはここで光秀は五百貫の地を与えられたと記載される。

信長上洛で家臣に

この越前は、光秀に大きな幸運をもたらした土地である。後に室町幕府の最後の将軍となる足利義昭が細川幽斎らとともに逃げ落ちてきた地だった。幽斎は後に戦国期の最高の知識人武将となるのだが、学識のある光秀と肝胆《かんたん》相照らす仲となったのは想像に難《かた》くない。幽斎らとの交友がなければ、その後、光秀が華々しく世に出ることはなかったと思われる。いつか光秀は朝倉義景の家臣でありながら足利義昭の近習《きんじゅ》となっていた。幽斎に対して光秀は「信長は頼りになるが、義景は頼りにならない」と助言していたと、『細川家記』にある。

小和田氏は「信長の正室濃姫《のうひめ》（斉藤道三《どうさん》の娘）は光秀の叔母の子にあたるのではないか」との仮説も出しており、これが真実ならば、光秀が信長に上洛を働きかける使節として織田家に出向いたことが無理なく理解できる。信長上洛時には光秀は義景の元を去り、今度は義昭の近習であり、同時に信長の家臣という立場にあったと推測される。信長は光秀の二重の立場を望み、信長上洛時も光秀は室町幕府や公家衆との交渉に当たる一人だったようだ。

それから数ヶ月後、三好三人衆による本圀寺《ほんこくじ》の戦いで将軍義昭防衛戦に光秀の名が出ている。『信長公記』である。明確に史実として歴史の表舞台に登場するのは、永禄十二（一五六九）年の賀茂庄中あての豊臣秀吉（当時は木下姓）との連署状である。その後も多くの連署状を出している。光秀は信長軍団の中途採用組ではあったが、何よりも文化人であり、高い学識があり、他の重臣と比べて武略にもそう劣った点はないことを次第に示していく。比叡山《ひえいざん》焼き討ちはもちろん、困難を極めた丹波平定を成し遂げた功績もあった。

言うまでもなく、信長は人材登用の天才だった。年功序列は一切取らない。家柄や過去の業績よりも実力主義に徹し、現在の働き、手柄を最重要視した。この中から光秀や秀吉らが台頭してきたのだが、その一方で、無能とされたり、明らかな失敗があったりすると、たちまち左遷されるので、家臣らは常に緊張状態にあったのは言うまでもない。信長の天下統一に向けて、走り続けねばならないし、才覚を発揮せねば評価も得られなかった。「本能寺の変」の直前まで、最良の忠臣としてその先頭を走っていたのが光秀だった。

織田家臣団の中枢担う

明智光秀の出世の糸口はいうまでもなく、京近江での活躍だった。もちろん各地の合戦に駆けつけているのだが、城のあった坂本や亀岡、福知山、もちろん京の都が拠点であり、五十年余の生涯を閉じたのも伏見の小栗栖《おぐるす》だった。

地元では「英雄」

地元の亀岡市では今も「光秀公武者行列」が毎年五月に行われ、福知山市では毎秋、「丹波光秀ききょうまつり」が催される。大津市下阪本地区で城跡の整備が進む一方、各地の顕彰会の動きも活発で光秀人気が衰えることはない。その極めつけの一つが、『亀岡市史』(亀岡市発行)だろうか。ここでは、光秀は「逆賊」ではなく「英雄」である。「……天下統一の夢を抱いていた一人の武将、時の風雲児、明智光秀がある。この世に何時現れるともなく頭角を表してきた。全く英雄とはこのようなものであろう」とある。

また、『福知山市史』第二巻（福知山市発行）では、光秀は「寺を焼いたり、石塔を築城のために運び去る旧物破壊の合理主義者である。それでこそ、あれほど出世した」と強調し、「古い物にも通じていたが、時代を切り開いていく革新的な武断政治の推進者だった」とその思想と行動を高く評価している。いずれも、地元ならでの記述である。

元亀《げんき》三（一五七二）年といえば、光秀は比叡山焼き討ちに加わったあと、織田信長より近江の滋賀郡（大津市）を拝領した翌年のことになる。世情はなお不安定な状態にあった。そうしたなか、吉田神社（京都市左京区）の神官で、「本能寺の変」後、勅使となる吉田兼見《かねみ》が近江・坂本に明智光秀を訪ねている。

『兼見卿記《かねみきょうき》』に「明十（光秀のこと）坂本に於《お》いて普請なり。見廻《みまい》の為に下向《げこう》し了《おわ》んぬ」とある。この年の十二月に再度訪問し、城中や天守の作事を見学、翌年四月にもほぼ完成した坂本城を訪れている。兼見がいかに光秀と親しかったかが分かる。

『新修大津市史』（大津市発行）などによると、先の坂本城は高層の天守を中心にした豪壮な城郭だったとされる。宣教師のルイス・フロイスは「豪壮華麗なもので、……安土城につぎ、明智の城ほど有名なものは天下にない」と記した。堺の豪商で光秀の茶の湯の師匠ともなっていた津田宗及が天正六（一五七八）年に茶会を催している。その際の記述で「御座船を城の内より乗り候《そうら》え」とあり、坂本城が水城であったことを浮き彫りにしている。

比叡山焼き討ち

信長の永禄十一（一五六八）年の上洛後、光秀の忙しさは尋常ではなくなっていた。京都所司代の村井貞勝とともに連署した多くの発給文書が残され、文官的な業務をそつなくこなしている。その一方、元亀年間に四十歳を過ぎる年になっていた光秀は、各地の合戦に顔を出して軍功をあげ、宇佐山城《うさやま》（大津市錦織《にしこおり》）の城将に抜擢《ばってき》された。これが光秀の跳躍台になる。

城将時代に、信長の命令により、光秀は元亀二（一五七一）年九月の比叡山焼き討ちに参加した。光秀は焼き討ちに反対していたと思われていたが、雄琴の土豪に宛てた書状が発見され、そこには「仰木《おおぎ》の事（は）是非ともなでぎり（に）仕るべく候」とあり、光秀は非協力的な仰木の民を皆殺しにせよと命じていたのである。『言継卿記《ときつぐ》』には「僧俗男女、三、四千人伐《き》り捨つ」とある凄惨《せいさん》なものだった。

『明智光秀』（小和田哲男著）などでは、光秀は信長の命令に極めて忠実で、おそらく叡山焼き討ちの中心的役割を果たしたとされ、「さて志賀郡、明智十兵衛（光秀のこと）に下され、坂本に在地候《そうら》ひしなり」（信長公記）とある。その論功行賞で破格の滋賀郡一郡を与えられた。宿老の柴田勝家や丹羽長秀さえ、得ていない待遇だった。

天正年間に入って光秀の大きな仕事は丹波討伐だった。荻野《おぎの》直政居城の黒井城（兵庫県丹波市春日町）攻めで苦汁を飲まされたが、信長は光秀を責めなかったという。光秀は丹波平定の総大将でありながら、石山本願寺攻め、紀州雑賀《さいが》攻め、松永久秀の謀反討伐などで動く一方、細川父子とともに亀山城を攻め落とし、その翌年には園部城（南丹市）をも攻め落とした。続いて八上城《やがみ》（兵庫県篠山市）を攻め、ようやく天正七（一五七九）年、頑強に抵抗した城主の波多野秀治《はたのひではる》・秀尚《ひでひさ》兄弟を屈服させ、さらに先の黒井城を陥落させて、ついに丹波平定を成し遂げた。

『信長公記』のなかで信長は「丹波国日向守《ひゅうがのかみ》（光秀）働き、天下の面目をほどこし候。次ぎに羽柴藤吉郎、数カ国比類なし」と信長は光秀を一番にあげて大いにほめた。天正八（一五八〇）年には丹波平定の軍功などによって、光秀は近江滋賀郡五万石の外に、丹波一国二十九万石を信長から受領したのである。

光秀は坂本城と亀山城の二つを居城とした。信長の信頼は厚く、光秀配下に池田恒興《つねおき》、中川清秀、大和の筒井順慶、丹後の細川幽斎らが与力《よりき》としてつけられた。当時の光秀は、織田軍団の近畿司令長官的な立場にあると同時に親衛隊長であり、情報部門の長の役割も担っていた。

福知山の基礎築く

一方の亀山城の築城は、この地域の仏閣の破壊の上に築かれたものだった。支配層の寺社の憤激は大きかったが、光秀を悪く言う伝承はほとんど残っていない。同市史では、口丹波の地侍たちは光秀と争うことを避ける代償に旧所領を安堵《あんど》されたものが多かったことや、人心に好感を持たせる「減税政策」などがあったに違いないと推定している。

福知山市郷土資料館の運営にかかわる崎山正人氏（地域振興課）は光秀について「新しい時代への価値観を信長と共有していたように思う。光秀は福知山のまちづくりの基礎を築き、城下町づくりを行った。その功績はもっと評価していいのではないでしょうか」と話す。福知山城の天守は、市のシンボルとして慶長年間のものを復元しており、中世的な山城の雰囲気をも残している。

福知山市内には、明智光秀を祀る御霊神社がある。社紋は「桔梗《ききょう》」であり、境内には「本能寺」と題する頼山陽の漢詩「吾敵は正に本能寺にあり」の石碑もある。岡部一稔宮司は「光秀公は人間味のある人だったと思います。だからこそ、織田信長の暴虐に敢然《かんぜん》と立ち向かったのではないでしょうか」と語るのである。

謀反の理由、やぶの中

イエズス会の宣教師として来日したルイス・フロイスは永禄八（一五六五）年に入洛している。その後、京都や豊後《ぶんご》などを中心に布教に携わる一方、大著『日本史』を執筆、歴史に名を残した。

フロイスは辛口評

フロイスは上洛した武将らを歯に衣《きぬ》着せぬ筆致でとらえている。異人という立場だけにその批評眼は貴重だ。『フロイスの見た戦国日本』（川崎桃太著）などによると、フロイスは「殿内にあって彼（光秀）は余所者《よそもの》であり、外来の身であったので、ほとんどすべての者から快く思われていなかったが」と、織田信長の家臣団のなかで特異な立場にあった光秀を浮き彫りにするとともに、「自らが受けている（信長の）寵愛《ちょうあい》を保持し増大するための不思議な器用さを身に備えていた」と処世のうまさとともに、信長の信頼の厚さを描いている。

フロイスの光秀評は実に辛口で「彼は裏切りや密会を好み、刑を科するに残酷で、独裁的でもあったが、己を偽装するのに抜け目がなく戦争においては謀略を得意とし、忍耐力に富み、計略と策謀の達人だった」と断じている。光秀がキリスト教に理解を示さなかった反感もあるのだろうか。謀反の理由については「（光秀の）過度の利欲と野心が募りに募って」と記して野望説に傾いている。日本歴史学会編集『明智光秀』の著者高柳光寿氏も怨《えん》恨《こん》説を否定して、どちらかといえば「光秀も天下が欲しかった」と書いて野望説である。

これまでに光秀の謀反の原因は、野望、怨恨、左遷、朝廷加担説など諸説が入り乱れている。怨恨説の根拠のひとつが、「本能寺の変」後、光秀が小早川隆景《こばやかわたかかげ》に宛てた書状である。この書状の真実性を疑問視する研究者もいるが、二日付で「近年、信長に対し憤りを抱き、遺恨もだしがたく候。……信長父子を誅し、素懐を達し候」とあり、「遺恨」を強調している点だ。

この怨恨説を補強するエピソードは枚挙にいとまがない。信州平定で光秀が「我等《われら》も骨折りたる故」と言ったところ、信長がその発言に怒り、「どこで骨を折ったというか」と、欄干に光秀の頭を打ちつけた。安土城で徳川家康の接待役を命ぜられたが、腐った魚料理を出したとして接待役を罷免《ひめん》されたという有名な話もある。このほか、信長は満座のなかで光秀のはげ頭を扇子で近習に打たせたとか、酒席で席を立とうとした光秀を見とがめて「座を立つは許さず」と、光秀の首に槍を突きつけたという恐ろしいエピソードもある。作り話としても、このいじめの多さは異様でもある。

一方で、光秀の向こう意気の強さを示す話も伝わる。光秀が稲葉《いなば》家の家臣、斎藤利三を引き抜いて召し抱えた。これを信長にとがめられたが、従わなかったというものだ。信長は怒って光秀の髪をつかみ引き伏せたが、光秀は「士を養うを第一と致します」と述べて自らの意志を通したという。『川角太閤記』などにある。これは、信長の方が遺恨を持つ内容だ。

絶頂期からの暗転

状況を追っていくと、京の「馬揃え」で総括責任者になるという絶頂期から、翌年になると、光秀の運命は次第に暗転していく。甲州遠征での武田勝頼《かつより》攻めの時、光秀は、おそらく自分が総大将になるだろうと思っていたが、そうではなかった。信長から中国行きを命じられたが、それは羽柴秀吉の備中・高松城攻めに加勢するため、その下につくことだった。光秀は左遷を意識し始めたのかもしれない。

ましして亀岡からの出陣前に信長から「出雲《いずも》・石見《いわみ》の二ヶ国を与える。その代わり、丹波と近江・志賀郡を召し上げる」（明智軍記）旨の命令を受けていたという。約束の二国はまだ毛利家のものであり、討ち取り次第という〝空手形〟だった。しかも京から遠く離れた地である。確かな史料によっては確かめられないが、あり得る話だ。野心に燃える光秀は大きな衝撃を感じたことだろう。「沖にも出ず、磯にもよらぬ風情の頼りなき身となり果て、……当家を滅ぼさんとする信長公のご所存のほど、明らか」として家臣らは憤激したという。左遷と怨恨の複合説になろうか。

一方で、謀反の背景に朝廷がかかわったとする説も台頭している。『真説・本能寺の変』で著者の一人、立花京子氏は「本能寺の変における朝廷の群像をたどってみると、正親町天皇、誠仁《さねひと》親王、前関白の近衛前久《このえさきひさ》、公家の勧修寺《かじゅうじ》晴豊、吉田神社の吉田兼見らは、それぞれに変の中枢に深くかかわっていた」などと指摘する。確かに兼見の動きなどは実にあやしいものがある。このほか、幕府再興を狙った足利義昭が光秀に働きかけたという「義昭謀略説」、最終的に誰が得をしたかという論法から天下を取った「秀吉黒幕説」まである。

さらに光秀は信長の非道を阻止したかったという見方もある。確かに天皇の言うことをきかぬ信長だった。公家衆への暴言もあった。信長の天下統一の進め方に、光秀が強い違和感を持ち始めていたのは間違いない。それでも信長は絶対的に畏怖《いふ》する存在だったはずだが、それを超える心理的状態に光秀はあったのだろう。この「信長非道阻止説」にも注目したい。

いずれにせよ、光秀と信長は、ともに怜悧《れいり》で合理主義を信奉し、利己主義者だった。誇り高い者同士だけに、いったん関係が冷却化の方に向かうと、秀吉と違って修復は不可能となる。信長に反逆した荒木村重《むらしげ》は、乳幼児も含めた一族郎党約千二百人が殺されたという。光秀は信長から追放された宿老の佐久間信盛の末路に、自らを重ね合わせる心境になったとしても不思議ではない。そこに公家衆や足利義昭側が働きかける余地はある。

絶好の「前提条件」

「本能寺の変」の直前、謀反に至る前提条件として、織田家臣団の軍事的配置は光秀にとって絶好だった。柴田勝家は越中にあり、羽柴秀吉は備中高松、滝川一益《かずます》は関東の厩橋《うまやばし》などにいて、多くは奮戦を続けていた。手ぶら同然の信長を京で討つにはまたとない機会だった。これを逃しては、もう主君の信長を討つことは出来なかった。

心理的には、自らの運命を操るとてつもなく大きい存在の信長に捨て身で抗せざるを得ず、そこに追い込まれた自分しか見いだし得なかったのだろう。光秀やその一族の墓がある西教寺寺務所（大津市坂本）の車戸利八郎氏は「どういう思いで本能寺を攻めたか、永久に決め手は出ないでしょう。分からないところが、また魅力なのです」と語るのである。

失敗重ねた政・軍工作

天正十（一五八二）年六月二日夕、「本能寺の変」の直後、公家の勧修寺晴豊は織田信長の嫡男信忠が討ち死にした二条御所などを見に行って「くび（首）、しにん（死人）、かずかぎりなし」との感想を残している。約千五百と伝えられる織田勢将兵の死体があちこちに打ち捨てられていたのだろう。

戦《いくさ》に慣れた京の上京の町人も大きな動揺を見せ、京中の焼き討ちが行われると覚悟を決めた者も多かった。『兼見卿記』などによれば、さまざまな財貨を一番安全と思われる御所内に搬送する者が数多く出る騒動が「変」後、数日続いたとある。

現在では考えられないが、禁中に近くの魚屋や餅《もち》屋などがにわか仕立ての小屋を作ったりもした。それが取り払われたのが、ようやく一ヶ月後という有様だった。もう一つ、波紋で言えば、大混乱の中で祇園会《ぎおんえ》が延期となり、結局、この年は九月十四日から挙行された。

安土城へ無血入城

「変」後、光秀は直ちに信長残党の探索を行い、長岡の勝龍寺城に家老の溝尾庄兵衛を残して安土城を目指した。だが、瀬田城主の山岡景隆は反旗を掲げ、瀬田の橋を落としてしまった。復旧を待つこと三日間。一万以上の大軍が、この火急の時に足踏みを食らい、結局、湖西の坂本城に入らざるを得なかった。六月の三、四日をそこで過ごし、配下の与力衆や信長と敵対している武将に手紙を次々と送っている。五日には修復なった瀬田の橋を渡って信長の側室や子供らが逃げ出した安土城に無血入城した。光秀の高ぶる気持ちはいかばかりだったろうか。

すでに安土城下は変の知らせのあと、宣教師が「最後の審判の日のようだった」と記すほど、大混乱に陥り、逃げまどうものが多数出ていた。光秀は安土城中にある信長の茶道具や金銀財宝、絹織物などをことごとく取り出し、家臣らに分け与えたという。さらに秀吉の本拠、長浜城、丹羽長秀の佐和山城を奪い、安土城は明智秀満らに守らせて坂本城へ戻った。ここに光秀は近江をほぼ制圧するという状況を生み出しつつあった。

朝廷は早くも七日には光秀の勝利を祝し、安土城へ吉田神社神官の吉田兼見を勅使として送った。兼見は光秀とは旧知の関係であり、親友と言っても良い。ここで兼見は誠仁親王の「京都の政治をまかせる」旨を光秀に伝えている。九日に光秀は、信長を倒して「天下人」に最も近くなった武将として晴れて上洛した。

新しい統治者を迎えるため、公家衆らは京の白川まで出向いた。このあと、光秀は吉田兼見宅を訪れて銀五百枚を朝廷に献じ、五山および大徳寺にも各百枚、安土に下向《げこう》した吉田兼見にも五十枚を与えた。当時の銀一枚は今の二十万円以上に相当するのだろうか。京都の民には、税金の一種、地子銭を免除したという。

人望無く配下離反

光秀の朝廷工作、人心収攬《しゅうらん》はうまくいったが、政治・軍事工作は失敗の連続となった。最も大きな痛手は、細川幽斎・忠興《ただおき》父子の離反である。幽斎とは越前にいた時代から親しい交友があり、息子の忠興には愛娘のガラシャを嫁がせていた。

九日付の細川父子宛ての手紙に、光秀の動揺する心の軌跡が書かれている。「父子が髪を切ったと聞いて腹を立てたが、考え直してともに行動してくれることを願う。五十日か百日のうちには近国を平定する」（要約）と決意を示し、「謀反は忠興を取り立てたかったからだ」などと、取ってつけたようなことも書いている。この大事に、思ってもいないことを書きつけるところに、細川父子は光秀の器量の限界を感じたのも確かだろう。父子はその後も光秀に従わなかった。

面倒を見てきた大和郡山《こおりやま》城主の筒井順慶も、一時は期待を持たせる動きをしたが、結局、秀吉に通じた。光秀はいわゆる配下の与力衆を全く組織できなかったのである。それどころか、逆に摂津にいた与力衆の中川清秀や池田恒興らを秀吉得意の懐柔策で切り崩されていた。光秀は今さらながら、自らの見通しの甘さに加えて、人望の無さを嘆き、「自分がどう評価されていたか」を思い知ったことだろう。

天下分け目の合戦

当時、有力武将といえば、織田家臣の柴田勝家、羽柴秀吉のほか、徳川家康らがいた。このなかで最も早く情勢を把握し、すぐに行動に移したのが秀吉だった。備中高松城攻めを敢行していた秀吉は、毛利勢と和睦して思いもつかぬ早さで京へ向かいつつあった。一昼夜で五十五キロも大軍を進めた日もある。

光秀にとって、野戦か坂本城での籠城戦かの選択はあったはずだが、平地での合戦を選んだ。場所は今の長岡京市南部から大山崎町一帯である。天王山と淀川に挟まれたこの地帯に、光秀側一万六千、秀吉側は計二万六千五百(一説に三万六千五百)の兵力が展開した。「天王山」が、勝敗などの大きな分かれ目で代名詞のように使われるのは、もちろん、この時からである。

この天下分け目の山崎の合戦を描く大きな陶版画が、大山崎町の天王山にある。その時の様子を彷彿《ほうふつ》とさせるもので、水色の桔梗《ききょう》の花を染め抜いた旗を立てる光秀の軍勢が見事に描かれている。天王山そのものでは大きな戦闘はなかったが、天王山東麓に布陣していた並河易家《なみかわやすいえ》軍などが秀吉軍先鋒の中川清秀軍などに攻撃を仕掛けたのが開戦の合図（諸説あり）となり、山崎の合戦は十三日夕、午後四時ごろから始まった。

その後、光秀側最強といわれた兵三千の斎藤利三軍が孤立した形で包囲され、ついに崩れて敗走したことにより、決着にそう時間はかからなかった。たちまち光秀側は総崩れになり、光秀自身が長岡の勝龍寺城に逃れた。そこから近江・坂本を目指したが、伏見の小栗栖（京都市伏見区）に出たところを襲撃されて果てた。そこには「明智藪《やぶ》」の石碑が地元の洛東ライオンズクラブの手によって建立されている。碑銘には「近臣十数人とともに坂本城を目指したが、ここで信長の近臣で小栗栖館の武士集団、飯田一党の襲撃で最期を遂げた」とある。

労作『明智光秀』の著者である高柳光寿氏は結語の章で「ここに感慨なきを得ない一事がある。光秀は信長の意思によって制約され、命のままに動いた。完全に独立した人格の樹立。その企図が同時に（光秀の）死であった」（要約）とし、その叙述は痛切である。「本能寺の変」は天才武将信長の悲劇だけでなく、同時に光秀の悲劇でもあった。

（二〇〇三年一月五・十二・十九・二十六日、二月二日）

鳥居元忠

1539〜1600

家康の忠臣、伏見で玉砕

天下分け目の関ヶ原の合戦があった慶長五（一六〇〇）年、その前哨《ぜんしょう》戦として、東軍と西軍がぶつかり合った戦いの一つが、伏見城での攻防だった。この時、伏見城の守将となって玉砕したのが、徳川家康の忠臣、鳥居元忠《とりいもとただ》である。歴史研究の桑田忠親《ただちか》氏は、元忠について「律儀で頑固で主君のために尽くす三河武士の典型」（戦国武将百話）とたたえ、作家の菊池寛も「（元忠の）誠忠には京の町人まで感動した」（日本武将譚《たん》）と書いている。

天下統一を成し遂げた豊臣秀吉が死に、続いて有力大老の前田利家が死ぬと、家康が野望を持って天下取りへ動き出した。それに反発を強める石田三成、上杉景勝《かげかつ》、小西行長《ゆきなが》らの武将と家康派との間は次第にきな臭くなり、東西両軍の合戦が不可避の状況となっていった。

元忠の戦歴は実に見事なものだった。湖北であった姉川の合戦のほか、長篠の戦い、高天神《たかてんじん》城攻め、小田原《おだわら》の陣、奥羽《おうう》・九戸《くのへ》の一揆などなどである。『寛政重修諸家譜《かんせいちょうしゅうしょかふ》』などによれば、慶長五年六月十六日、徳川家康は大坂を出発し、十七日に伏見城に入った。家康はここで、元忠を守将として松平近正《ちかまさ》ら三人を副将とした。

一進一退の激戦

『常山紀談《じょうざんきだん》』（湯浅常山著）などによると、家康に対して元忠は「伏見には臣一人にて事足り候。変なく候はば、復《また》御目見も仕りなん。もし事あらば今夜ぞ永き御別れにて候」と覚悟を語った。元忠は家康が今川義元の人質時代から近侍《きんじ》していた股肱《ここう》の臣だけに、家康はその心情を思って涙をぬぐったという。そして翌日、家康は会津討伐に向けて伏見城を出立した。

それからほぼ一ヶ月後、西軍の事実上の統率者である石田三成は、増田《ました》長盛の家臣を使いとして伏見城につかわし、伏見城の明け渡しを命じたが、元忠が聞くわけはなかった。元忠は「この城を守ることは主君の命なり」と返したという。その内容がふるっている。「豊臣家の仰せなりといふとも、関東の沙汰《さた》なくして渡しがたし。……百万の兵を率いてこれを攻めらるるとも、敢えてさらじ。我輩の武勇を試みらるべし」と言い放った。

伏見城を守る将兵は千八百人だったという。『著名古戦史』（鈴木友吉著）などによれば、元忠は本丸、副将の内藤家長が西の丸、同じく副将の松平家忠、松平近正が三の丸を守った。大坂城中では三成派の武将らが軍議を開いて伏見城攻撃を決し、攻城軍は小早川《こばやかわ》秀秋、宇喜多《うきた》秀家、島津義弘、毛利《もうり》輝元らとした。西軍は七月中旬に大坂城を発して夕刻に伏見城を囲み、西側より攻めた。二十日から二十四日までの五日間、鉄砲を中心に攻め立てたが、守りが堅く一歩も城内に入れなかった。

攻城戦は攻め手側に被害が広がる。無理攻めは禁物だが、早期に決着をつけたいと、力攻めをして損害が増えるケースが多い。攻城軍は二十五日から四日間、島津、毛利軍は西から、宇喜多軍は東から、北からは小早川軍が攻め立てたが、案の定、攻城軍の損害がかなり出て、どの一角をも占領することが出来なかった。

しびれを切らして、ついに三成自身が近江・佐和山《さわやま》城から督促《とくそく》にやってきた。この結果、二十九日夜半からの総攻撃を決定、一時は島津軍が城内に突入する寸前まで行ったが、守城軍の松平軍が何とか撃退した。一方で西軍の小早川軍は火矢を連続して放つなど、一進一退を繰り返すまれにみる激戦だった。

こうした均衡を破ったのが、守り手側の甲賀《こうか》衆の一部の動きだった。『伊賀・甲賀　忍びのすべて』（新人物往来社発行）などによると、その甲賀衆の一人、鵜飼《うかい》藤助が城内の深尾清十郎に「申し合わせて返り忠（裏切り）を致せ。さもなくば甲賀の妻子らをことごとく磔《はりつけ》に致す」という内容の矢文を送りつけたという。幹部二人が動転して内応を決意、手勢含め四十人が松の丸に放火、その火は名護屋丸にも及び、小早川軍がこの混乱に乗じて城内に突入、ついに元忠守備軍にも相次いで討ち死にが出て、副将の近正も戦死、家忠も自害し大勢は決した。

八月一日、火は天守にもかかったが、元忠は「（今はなお）自害すること主将たるものの本意にあらず。刀の目釘《めくぎ》の折るるまではひとりなりとも敵兵を滅ぼして慙《ざん》死《し》すべきなり」と言って、大手門を押し開いて約二百人の兵を率いて斬って出て、再び城内に戻った。大手門を出て敵を打ち負かすこと三度、元忠率いる兵はことごとく討ち死にし、残る兵も傷だらけとなった。

朴訥愚直であれ

それからさらに本丸から場外に討って出ること二度、ついには従う者十騎となった。元忠が石段に腰掛けていたところに、敵の雑賀《さいか》孫市《まごいち》重朝《しげとも》が来た時、元忠は「首とりて名誉にせよ」と言って広縁で見事に切腹した。六十二歳だった。その日の午後三時には守り手側の将兵千八百人はほぼすべて戦死した。一方攻城側の西軍の死傷者は約三千人に上ったという。総攻撃は実に十三日間にわたった。

一部裏切りもあったが、伏見城の戦死者のなかには甲賀衆も多数いた。家康はその活躍を知っており、関ヶ原の合戦の勝利後の、論功行賞で犠牲となった甲賀衆の親や子、兄弟に知行を与え百人を取り立てて、甲賀百人衆を組織させ、大坂の陣では鉄砲隊として活躍させた。その後、三代将軍家光の時にはここから数千石の旗本を出したり、大方が与力《よりき》になって江戸城大手門の警備を担当した。「今に残る皇居の『百人番所』は甲賀衆の詰め所でした」と宮内庁はいう。

石田三成は元忠の首を大坂京橋口にさらしたが、元忠の恩を受けていた京の商人、佐野四郎右衛門がその首を持ち去って京の百万遍《ひゃくまんべん》の知恩寺《ちおんじ》（京都市左京区）に葬った。知恩寺の塔頭の一つ、龍見院《りゅうけん》に鳥居元忠の立派な墓がある。龍見院では「元忠公や家臣らの子孫のお参りは今も絶えない」と話す。

子孫の一人である前慶応義塾塾長で中教審会長の鳥居泰彦氏は「幼い時から祖先・元忠の『朴強』の二文字を厳しく教えられました。世のために己を捧《ささ》げよ。そのためには朴訥《ぼくとつ》愚直であれ。それが将たる者の強さの根源であるという意味です。一方で祖先をひけらかすことは厳禁でした」と語る。元忠の子孫ら約二百人が「鳥居会」をつくって今も親睦《しんぼく》を深めている。東京・六本木にある地名の「鳥居坂」は、鳥居家の屋敷があった名残である。

（二〇〇四年二月十六日）

滝川一益

1525～1586

壮年の活躍、晩年影潜め

織田信長の家臣団の中で豪胆かつ奔放だった武将として名を上げた一人に、滝川一益《かずます》（「いちます」とも読む）がいる。若いころの一益の活躍はたいしたもので歴戦の勇将とたたえられ、織田軍団の「関東管領」にまでなったものの、本能寺の変後は屈曲した人生を歩み、かつての武勇は影を潜めた。人情家で風雅の道を忘れない武将だったが、時代の流れに乗り切れず晩年は寂しかった。

心から風雅を愛す

一益のユニークさ、風流心は茶人武将としてのものだ。甲斐《かい》の武田勝頼《かつより》を討ち果たした時、普通なら所領の拡大を求めるものだが、一益は違った。茶の湯の師匠に手紙を送ったなかに、「（信長公から）希《のぞ》みこれあるかと、御尋ねも候わば《そうら》、珠光《じゅこう》の小茄子《こなすび》をと、申し上ぐべく覚悟に候《そうろう》ところ」とあり、名物茶入れを考えていたのだ。

ところが、そうではなく上州という遠国《おんごく》に移封されたため、「茶の湯の冥加《みょうが》も尽き候」

とまで書きつづっている。一益は風雅の道を心から愛していたわけだ。領地の奪い合いや権力争いのため、毎日が生き死にの連続である武将人生から足を洗いたいという、ささやかだが、熱い願望がここにかぎとれる。

『甲賀《こうか》人物誌』(甲賀町教委発行)などによると、滝川氏は、河内国《かわちのくに》からこの甲賀に移り住み城を築いて滝川と称したという。『甲賀町史』(甲賀町発行)には、一益は近江国甲賀郡大《おお》原中《はらなか》(滋賀県甲賀市)で生まれ育ち、六角《ろっかく》氏に仕えたのち、流浪したという。『寛政重修諸《かんせいちょうしゅうしょ》家譜《かふ》』は冒頭に「幼年より鉄砲《てっぽう》に鍛錬す。河内国において高安某をころし、去りて所々を遊歴し勇名をあらわす」とある。甲良出身の武将、藤堂高虎が浅井《あざい》氏に仕官していた際、喧嘩《けんか》で一人を斬り殺して出奔《しゅっぽん》したのに似ている。暴れん坊だったのだろう。

「鉄砲巧者」で出世

『新編　日本武将列伝』(桑田忠親《ただちか》著)などによると、一益はその後、尾張を流浪している時、柴田勝家の推挙によって信長に仕える幸運を得た。その推薦の言葉のなかに一益を評して「鉄砲巧者」があったという。一益は信長によって世に出ることができた。

最初の戦功は伊勢討伐だった。信長は、永禄十二(一五六九)年、伊勢の大河内《おおかわち》城に北《きた》畠《ばたけ》具教《とものり》・具房《ともふさ》父子を攻め下すことに成功したが、この際の戦いぶりはもちろん、一益のそれまでの伊勢討伐の功績も勘案して北伊勢五郡と伊賀二郡を与えられた。大変な出世である。元亀《げんき》年間の三方ヶ原《みかたがはら》の合戦には徳川家康側の援軍として駆けつけ、武田信玄軍と戦ったほか、信長が勝頼と戦った長篠の合戦（天正年間初期）でも活躍した。明智光秀の丹波攻略にも応援に出ている。

『名将言行録』（岡谷繁実《おかのやしげざね》著）などに一益の人柄をよく表わすいくつかのエピソードがある。桑名城で書物を読んでいた時、庭に落雷があったが、一益は「厳然として書に対せり」と全く平気で、近臣らは器量の大きさに感心した。上野国《こうづけのくに》の厩橋《うまやばし》（群馬県前橋市）の城では、諸将のあいさつの時、着るものが垢《あか》にまみれた一枚だけだったので、それを洗わせている間、赤裸のままいたという、一益のおおらかな一面を示す逸話もある。

もう一つ、石山本願寺への海からの物資補給を阻止するための鉄甲船を一隻建造した功績がある。九鬼嘉隆《くきよしたか》が建造した六隻を含め計七隻で堺の港に入った時はみな大いに驚いたという。ある僧は「横七間《けん》、竪《たて》十二、三間もある」と日記に書きつけている。

一方で、一益は立ち止まって考えるタイプの武将だったようだ。「関東管領」となって厩橋城にいたころ、近くに山屋敷を作り、暇があると、そこへ行ってぼんやりするのが好きだったと伝わる。そのとき、一益は鶴が他の鳥と違って非常に用心深く周囲の動きに気を遣っていることが分かった。一方で、雀《すずめ》は軒端《のきば》に来て人も恐れずにえさを食べ、雀同士が戯れ合っている。

「鶴になりたいと人は思うかも知れないが、私を見てみよ。言葉に注意し、常に私の周りには用心のために家臣があり、身を楽々とすることができない」(要約)。そうして、一益は「汝等《なんじら》は鶴を羨《うらや》まず、雀の楽しみを楽しみ候へ」と結ぶのである。功成り名を遂げた武将としての生活が堅苦しくつくづく嫌になっていたのだろう。

一益が本能寺の変を聞いた時、東国の三国峠で越後勢と戦って敗れた直後で、領国経営をいかに安定させるか、極めて難しい時期だった。小田原《おだわら》の北条《ほうじょう》氏など、周りは虎視《こし》眈々《たんたん》とすきを狙う武将も少なくなかった。『名将言行録』には「士は義を立つものなれば、とむらい合戦への加勢こそ本意なれ、背く士はあるまじき」と言って近臣の諫《いさ》めをさえぎって、地元の部将らに信長横死のことや西上のことを告げ、人質をすべて返した。最終的には領国を捨て、ささやかな酒宴を開いて厩橋を後にし、地元の諸将らと峠で別れを惜しんだという。人情家の一益らしい話である。

一益は木曽路から帰京したが、時すでに遅く、羽柴《はしば》秀吉が山崎の合戦や清洲《きよす》会議を経て絶対優位の立場にあった。ここで一益は秀吉と対決色を強める柴田勝家と組んだが、秀吉軍には勢いと巧みな戦略があった。賤ケ岳《しずがたけ》の合戦で雌雄が決し、勝家は自害した。一益自身は伊勢国にあって秀吉軍に包囲され動きが取れなくなってついに降伏、北伊勢五郡を差し出した。秀吉は一益を許し、越前大野城を与える腹の太さを見せた。一益の人柄ならではだろう。

裏切り、名声に傷

その後の小牧・長久手《ながくて》の戦いで今度は一益は秀吉側で戦い、知略によって相手を寝返らせ、うまく蟹江《かにえ》城に入ったまではよかったが、大野城攻めに失敗。蟹江城に戻ったものの、家康軍に厳しく攻め立てられ、またまた降伏した。その際、自らは永らえるために、蟹江城主の前田種利の首を差し出したという。裏切りだった。一益の名声は地に落ち、そこには「先駆けは滝川、殿《しんがり》も滝川」と言われた、かつての勇猛な武将の面影はどこにもなかった。

生き永らえた一益は京へ流れ、妙心寺に隠れて剃髪《ていはつ》して僧籍に入った後、最期は越前大野郡で漂泊の人生を閉じたと伝えられる。「一益は名士なり。惜しいかな晩節を遂げず」と『名将言行録』に記されている。老いて決断を誤り続けた一益だが、その曲折の人生は今も少なからぬ共感を呼んでいる。

（二〇〇四年二月二十三日）

伊達政宗

1567〜1636

独眼竜、死装束で上洛

伊達政宗《だてまさむね》ほど戦国時代をしたたかに生きた武将はいない。独眼竜と称された政宗は、太閤《たいこう》秀吉に睨《にら》まれるどころか、怒らせることもしたが、首を刎《は》ねられずに済んだのは、生まれ持った強運が作用したとしか言いようがない。豊臣秀次失脚時も危なかったが、何とか乗り切った。これほど剛直でありながら、柔軟性をもって天下の動静やヨーロッパ世界のありようまで視野に入れていた。

『寛政重修諸家譜《かんせいちょうしゅうしょかふ》』によれば、伊達氏の先祖は常陸国真壁《ひたちのくにまかべ》郡伊佐から出て、朝宗《ともむね》の時代に陸奥国《むつのくに》伊達郡に移り、伊達と称したようだ。政宗は永禄年間、出羽国米沢《でわのくによねざわ》（山形県米沢市）に生まれ、幼名は梵天丸《ぼんてんまる》である。小さいころ、疱瘡《ほうそう》の毒で右目を失明する不幸に遭《あ》っており、これが独眼竜の由来となった。

十八歳で家督《かとく》を相続してからは戦いの連続だった。次第に領地を広げ、二十四歳のころには奥州三十余郡に君臨するまでになっていた。奥州へ移封となった蒲生氏郷《がもううじさと》との確執で秀吉から「異心あり」とされ、上洛を命じられた。

政宗が米沢城を出発して、初めて上洛したのは、天正十九（一五九一）年二月上旬だった。『伊達政宗』（小和田哲男著）などによると、京入りした時の政宗一行の姿が京雀《きょうすずめ》を沸かせた。政宗自身、白の死装束《しにしょうぞく》を着ていただけでなく、一行の先頭には金箔《きんぱく》を押した磔柱《はりつけばしら》を立てての行進だった。世間の意表を突いたものであることは確かであり、磔を持参することで死を覚悟して上洛したという意思表示を行ったのである。

秀吉の面前で、政宗は詰問された。奥羽で起こった葛西《かさい》・大崎一揆の陰の首謀者が政宗であると認められる文書を秀吉は、事前に氏郷から手に入れていた。秀吉は、その文書の鶺鴒《せきれい》のような形をした花押《かおう》を指して「お前のものだろう」と詰問した。

秀吉も認めた才覚

この時、政宗は少しもあわてず、通常、自分の花押の鶺鴒には「針で穴を開けた目がある」と主張、疑惑文書の花押には目がなく、「自分のものではない。これは罠《わな》だ」と言い放った。確かに二つの文書の花押を比べるとその通りで、秀吉、他の大名らもあ然とする思いだった。当時は日常用と隠密用に花押を使い分けることもあり、事実はおそらくどちらも政宗の文書だったと思われる。それをほぼ分かりながら秀吉は、政宗の才覚と機知をよしとして許したのだろう。

もう一回の上洛も、政宗は奇抜な軍装をして京の人たちを驚かせた。『寛政重修諸家譜』

などによれば、太閤秀吉が全国に号令をかけて朝鮮出兵を行った時、政宗も文禄元（一五九二）年一月に兵三千人を率いて岩出山《いわでやま》城を出発し、二月二十三日に上洛したという記録がある。その軍装は三月十七日の京の出発時に見られたものだ。『常山紀談《じょうざんきだん》』『成実記《しげざねき》』などを参考に再構成すると、先頭の幟《のぼり》が三十本あって、この幟を持つ足軽隊の具足は紺地に腹と背中両方に金の丸（星説も）があった。鉄砲、弓、槍《やり》の足軽はこれらのいでたちのほか、銀ののし付きの脇差し、朱鞘《しゅざや》の太刀、しかもとがり笠《かさ》は高さ九十センチもあってつばは二十四センチ。これがまた金色という派手ないでたちだった。

さらに騎馬侍には黒母衣《ほろ》に金の半月の印をつけ、馬には虎や豹《ひょう》の革で仕立てた鎧《よろい》様のものを着せ、孔雀《くじゃく》の尾羽根をつけたりするなど、それぞれ工夫を凝らしていた。「あたりもかがやく計《ばかり》なる」（常山紀談）とある。また二人の若武者は約三メートルの太刀を背負い、金鎖《かなぐさり》を鞍上《あんじょう》に結ぶといった具合だ。沿道は他の武将軍団が通った時は静かだったが、伊達勢が通った時は京の町衆から大きなどよめきが起こったと伝わる。京の町衆に見せた伊達軍の軍装は「殊《こと》に異躰《いたい》なりしかば、これより京童の口ずさみに、異様なるを伊達者と称せしとぞ」（同諸家譜）と記されるほどだ。

居直って窮地脱出

朝鮮出兵から帰国した文禄四(一五九五)年、世間を揺るがす豊臣秀次追放事件が起こった。この事件は、秀吉政権内部における権力闘争という側面を持っており、秀次が高野山《こうやさん》で切腹に追い込まれただけでなく、秀次の妻妾《さいしょう》ら多数が三条河原で殺され、秀次が政庁として使っていた聚楽第《じゅらくてい》も完全に破却された。この時、秀次色の一掃も企図され、秀次に接近していた大名らも標的になった。京の町は「政宗の切腹は間違いなし」の噂《うわさ》で持ちきりだったという。

あわてて上洛、弁明に努めた政宗は、派遣された詰問使を前に大いに居直った。「天下を譲られ、関白となった秀次公に取り入るのは当たり前だ。これを咎《とが》められるなら、どうしようもない。首をはねられよ。本望だ」(要約)と言い放った。結局、政宗は今度もその度量の大きさで活路を見いだした。根底には秀吉と政宗との相性がよかったことが幸いした面もあるが、政宗の窮地を脱する才覚は見事としか言いようがない。

文学にも深い造詣

許されはしたが、秀吉からは今後、伏見の伊達屋敷に家臣ら千人で定詰《じょうづ》めせよ——との沙汰が下ったと伝えられる。当時、辺りは伊達町と呼ばれた。政宗は前後九年間、この伏見屋敷などを中心に上方《かみがた》暮らしをしている。『伊達政宗の手紙』(佐藤憲一著)のなかで佐藤氏は「桃山文化に代表される中央文化との出会いは、政宗に大きな影響を及ぼした」と強調している。政宗は和歌、茶道、能、香道、書などに造詣を深め、多くの作品を残す一方、『古今和歌集』や『源氏物語』『徒然草』などを書写する勉強ぶりだった。

一方で、政宗は常に「物事（は）小事より大事は発《おこ》るものなり。油断すべからず」を信条として身を処していた。海外にも目を向けて慶長年間後期には支倉《はせくら》常長らをヨーロッパに派遣するなどの先見の明を見せた。小説家の菊池寛は『日本武将譚《たん》』で「いくら時世柄とはいえ、政宗くらい押しの強い、図太い、人を喰《く》った武将はその時代にもちょっと類がない。いくら窮地に陥っても参ってしまわない。高等外交を十分心得ていてそれを遺憾なく実行した」と感嘆している。政宗は天下を取れる器だったが、天の時、地の利は味方せず、その夢は実現できなかった。

（二〇〇四年三月一日）

上杉謙信

1530〜1578

公家邸出入り、文学論議

「越後の虎」といわれた上杉謙信《うえすぎけんしん》（長尾《ながお》景虎《かげとら》、後に輝虎）は、すこぶる戦《いくさ》上手だったが、その一方で戦国時代には珍しいほど無欲だった。毘沙門天《びしゃもんてん》を信仰し、妻帯《さいたい》せずに孤独の影をひきずったまま戦国武将としての一生を終えている。二度上洛しているが、ともに野望を抱いたものではなく、天皇や幕府の権威に従う穏やかなものだった。そこがまた謙信らしいのである。

越後守護代の長尾家の子として生まれた謙信は童名《わらべな》を虎千代といった。天文十七（一五四八）年に春日山城に入り、兄に代わって長尾家を相続した。その二年後、上杉家の主君が死んだことで、事実上の国主となった。謙信といえば、甲斐《かい》の名将・武田信玄との幾度もの川中島の合戦が有名だ。これは源平争乱時代のような、名乗りや戦作法など、なお合戦の美学が残っていた最後の戦いだったといえる。また、生涯十四回に及ぶ関東への出陣、能登《のと》、加賀への進出など、幾多の戦いで勝利した。

さえた戦略、戦術

『名将言行録』（岡谷繁実《おかのやしげざね》著）などに、謙信が常に言っていたことに「義経に武辺を習えり。人は平家を昔物語に聞きし故、身の用に立たず」がある。こういう言葉も残したという。「我は毫《ごう》も天下に望みなし。唯《ただ》戦陣に臨みては　機をみて敵を破る。是《これ》我が本分なり」である。謙信は常に三尺ぐらいの青竹を手に兵を指揮したという。「機敏、敏速隼《はやぶさ》の如《ごと》きものあり。士卒を重んじ、大将の手足の如くに従わせたる」と評された。いつか、「死なんと戦えば生き、生きんと戦えば必ず死する」という境地にも達していたようだ。その勇猛さと戦略・戦術はさえわたっており、まさに戦いの天才といえた。

　晩年の天正五（一五七七）年、謙信が能登七尾城を攻略したあと、織田信長軍が加賀湊川（手取川）を越えたという情報を受けて出陣、浮き足だった信長側の柴田勝家や羽柴秀吉、滝川一益《かずます》らの精鋭部隊を蹴散らしている。いかに謙信の軍が精強だったか、菊池寛はその著書『日本武将譚』に「秀吉が三万の大軍を率いても、謙信は一万の軍勢で撃破したであろう」と書いている。

　この謙信は二度、上洛している。『上杉謙信』（花ヶ前盛明《はながさきもりあき》著）や『上杉謙信のすべて』（渡辺慶一編）などによれば、第一回の上洛は天文二十二（一五五三）年九月のことで、兵二千を率いたという。謙信二十四歳の時だった。前年に後奈良天皇によって従五位下弾正少弼《じゅごいのげだんじょうしょうひつ》に任じられたことへのお礼であった。

多くの社寺に参詣

京では後奈良天皇、将軍の足利義輝を訪問したあと、大坂では石山本願寺の証如《しょうにょ》上人と贈り物のやり取りをしたほか、堺にも寄った。高野山《こうやさん》では金剛峯寺《こんごうぶじ》で無量光院の越後出身の阿闍梨《あじゃり》・清胤《せいいん》に入門し、真言密教の教義を授かったという。この高野山から戻って京の紫野の大徳寺に徹岫宗九《てっしゅうしょうきゅう》を訪ねて参禅、有髪のまま僧となって法号長尾入道宗心と命名されている。この時は比叡山延暦寺《ひえいざんえんりゃくじ》にも参詣している。

一方、在京の間、謙信は関白一条兼冬や西園寺公朝《さいおんじきんとも》らの公家邸に出入りして和歌を論じたり、『源氏物語』などについて語り合ったりしたというエピソードも残している。伊達《だて》政宗《まさむね》もそうだったように、地方の有力戦国大名は京の雅《みやび》の文化にあこがれ、自ら文の道に精進していたことがよく分かる。

この上洛から六年後、京を追われていた足利義輝が帰京できたのを祝し、謙信は兵五千を率いて再び上洛した。永禄二（一五五九）年四月のことである。この年は、尾張で急速に台頭してきた織田信長が初めて上洛した年でもある。上洛途上、越中松倉城主の椎名康胤《しいなやすたね》、越前の朝倉義景《よしかげ》、近江の六角義賢《よしかた》らが歓待し、近江の坂本まで来た時、将軍足利義輝が使者を寄こして上洛を催促した。続いて三好長慶《みよしながよし》や公家衆らが次々と表敬にあらわれた。四月下旬に将軍義輝を訪問し、五月に入って正親町《おおぎまち》天皇に会って多くの貢ぎ物をした。六月下旬には将軍義輝から「関東管領上杉憲政《のりまさ》の進退については謙信の馳走に任せる」との内書を得て、越後などにおける地位を不動のものとしていた。

謙信は親しい公家衆らと旧交を温め、和歌について話し合ったり、この時、近衛家から和歌の奥義《おうぎ》を伝授されたりしている。さらに、茶道、能楽などにものめり込み、笛を吹き、鼓を打ち、琵琶も鳴らす名手だったという。延暦寺や石清水《いわしみず》八幡宮など洛中洛外の多くの社寺に参詣し、金銀、織物などを寄進したので、京での謙信の評判は高まらざるを得なかった。

一方で謙信は、この上洛で三好長慶や松永久秀らを抑え込もうと考えていた。二人は傍若無人《ぼうじゃくぶじん》で事実上京の支配権を握り、横暴な振る舞いが目立っていたからだ。もし将軍が望むなら、大軍でもって再び上洛する考えさえあったという。だが、将軍義輝からは明確な返事はないままだった。その後、義輝は久秀らに急襲され自害してしまうだけに、この時に何らかの決断があれば、違った展開になっていた可能性はある。

謙信は京にいる間、文学を楽しむ一方、何度も将軍の室町邸や公家の近衛《このえ》邸で大酒を飲んでいることが、さまざまな手紙で分かっている。将軍らと大いに意気投合したのだろう。ところが、元気だったはずの謙信が帰国の途次、近江の坂本で腫《は》れ物を患ってしまう。六月下旬のことだ。将軍は見舞い役を遣わし、この際に火縄銃の取扱書を贈った。この秘伝書は九州豊後《ぶんご》の大友宗麟《そうりん》から献上されたものだったという。いかに義輝が謙信を信頼し将来を期待していたかということだろう。

天下統一野心なく

このあと、関東平定に乗り出す天正六（一五七八）年三月、謙信は脳出血と思われる病で倒れ、不帰の人となった。四十九歳だった。謙信の辞世の句が今に伝わっている。「四十九年《しじゅうく》　一睡《いっすい》の夢　一期《いちご》の栄華《えいが》　一盃《いっぱい》の酒」である。愛飲家の謙信らしい。『名将言行録』には「極楽も地獄も先は有明の月ぞ心に掛《かか》る雲なき」とある。いずれも戦いに明け暮れたが、謙信の淡白な人柄、飾らない性格、無常を知る心が表れている。作家の津本陽氏はその著『歴史に学ぶ』で「領地や天下統一の野心が全くない稀有《けう》の人物であり、清廉《せいれん》や至誠という魅力をもった武将だった」と感嘆している。

（二〇〇四年三月八日）

石田三成

1560〜1600

秀吉に見いだされ大出世

天下分け目の関ヶ原の合戦で、西軍の事実上の統率者だった石田三成《いしだみつなり》は、太閤秀吉亡き後、豊臣家を盛り立てようと、忠節を尽くした湖北出身の武将だった。策謀に長《た》け才覚も十分だったが、豊臣恩顧の武功派を味方につけることができず、徳川家康の計略の前に敗れた。とはいえ、反家康派を糾合し関ヶ原の合戦を実現していった力量はもっと評価されてよい。

出会いの「三献茶」

JR長浜駅に降り立つと、駅前に「出逢い」と題する銅像がある。左に羽柴秀吉、右にまだ少年だった三成がいる。江戸時代以降、三成は奸臣《かんしん》の汚名を着せられがちだったが、その駒札には「(三成は)秀吉への忠節一途に生き抜いた」とある。地元ならではの熱い思いが込められているのが分かる。

関ヶ原後に攻め落とされた居城・佐和山《さわやま》城には、その権勢に比して全く金銀財宝はなく、三成の無私の精神が証明されたという。奉行に取り立てられてから関ヶ原後に果てるまでの十五年間、秀吉政権の中枢にあって、どろどろした権力争いの黒子役を果たしたのは否めないが、太閤秀吉のために走り続けた一生だったといえる。

『石田三成』（今井林太郎著）や『石田三成のすべて』（安藤英男編）などによると、三成は永禄三（一五六〇）年に近江国の坂田郡石田村（滋賀県長浜市）に生まれている。三成の父の正継は地侍であり、戦国大名の浅井《あざい》氏に仕えていたと推測される。

ふるさとには、三成出世のきっかけとなった有名な「三献茶」の話が伝わっている。秀吉が長浜城主となった天正二（一五七四）年以降のことだろう。少し長くなるが、『武将感状記』などにこう書かれている。

「秀吉一日放鷹《ほうよう》に出て喉《のど》乾きければ、寺に至りて、誰《たれ》かある茶を点じて来れと所望せり。佐吉（三成）大なる茶碗に七、八分に、ぬるくたてて持《もち》まいる。秀吉之《これ》を飲み、舌を鳴らし気味善し、今一服《いっぷく》とあれば、又たてて之を捧《ささ》ぐ。前よりは少し熱くして茶碗半《なかば》に足らず。秀吉之を飲み、又試《こころみ》に一服とある時、佐吉此度《このたび》は小茶碗にて少し許《ばかり》成るほど熱く立てて出る。秀吉之を飲み、其《その》気のはたらきを感じ……」などである。

この三成のとっさの機転は、誰もができることではない。秀吉は、その心配りに感心して近臣に取り立てる。二人の出会いの場は山東町（米原市）の観音寺（異説あり）と伝わる。観音寺は江戸中期に再興されており、本堂は風雪をへた趣きと重みがある。二人の出会いにふさわしい雰囲気を今も残しており、この出会いが三成の出世すごろくの出発点となる。

周囲驚かせた才覚

当時の秀吉の近臣としては、浅野長政や増田《ました》長盛らがいたが、秀吉の意向を敏感に察知し仕事を進める上で、三成を上回るものはなかった。『名将言行録』（岡谷繁実《おかのやしげざね》著）にこんなエピソードが残されている。中国の戦功で五百石の加増が申し渡された時、三成は「宇治、淀の両岸に生じる葭《よし》を賜《たまわ》れば、五百石を返上し別に一万石の軍賦を出さん」として、その刈り取る権利を得た。

早速、刈り取りに課税し何万石もの収入を得て、丹波攻めの際はきらびやかな軍装をあつらえることができ、秀吉を大いに感心させたという。この一事でも三成の才覚の鋭さを知ることが可能だ。三成に声をかければ、少し難しいと思った案件もすべてうまく処理されていく。次第に三成は重用され、いつか秀吉に「才器の我れ（秀吉のこと）に異ならないものは、三成のみ」とまで言わせるほどになっていた。

三成は天正年間中期に、近江・甲賀《こうか》の水口《みなくち》城主（二万石）に任ぜられたと伝わるが、その際、他の多くの領主らが欲しがっていた有能な人材、島左近《さこん》を召し抱えて周囲を驚かせたというエピソードがある。秀吉が「お前のような小禄のものが何故《なにゆえ》召し抱えられたのか」と尋ねたのに対して、三成はすまし顔で「私の禄の半分、一万石を与えた」と答え、秀吉をもう一度、驚かせたという。石高については諸説あるが、思い切った人材登用は三成の得意とするところだった。この時のことなどを評して「三成に過ぎたるものが二つあり　島の左近に佐和山の城」との言葉が残されている。

賤ヶ岳《しずがたけ》の合戦で三成は折衝・兵糧役で活躍。天正十三（一五八五）年に秀吉が関白に任じられた際、従五位治部少輔《じゅごいじぶのしょうゆう》に出世し、奉行に抜擢《ばってき》されて政務の中枢に参画することになった。まだ二十六歳のころだ。翌年には堺の奉行も兼ねるよう命じられた。当時の三成は秀吉の懐刀として着々と実力をつけ、いつのまにか、事実上の筆頭奉行の地位を得るようになっていた。

木食上人《もくじきしょうにん》をして「治少（三成のこと）御奉行之《の》其《その》随一なるがほにて候《そうろう》つる、少もそむけ候《そうら》へば、たちまち身のさはりをなす仁にて候」と記させた。三成の言う通りにしておけば、間違いはないというわけだ。島津義弘が日記で「江州沢（佐和）山の城主石田治部少輔、太閤公の股肱《ここう》の臣と為《な》りて、其勢威、人、肩を比ぶる無し」と書き付け、本願寺の顕如《けんにょ》も秀吉に進物を送る際は、必ず浅野、増田とともに三成にも贈り敬意を表していたという。三成の権勢がどんなものだったかを浮き彫りにしている。

政権安定期の人材

当時の三成の働きぶりを象徴する話が残っている。「三成性慧敏《けいびん》にしてよく事に堪《た》う。……日々夜々の勤め怠らず」とあって、大風雨による城の破損状況などは普請奉行より早かったというものだ。三成の覚えはめでたいが、普請奉行の面目は丸つぶれで、恨みさえ残しかねない。三成とはこういう男だった。そして「奉公人は主人より賜はる物を遣い、合わせて残すべからず、残すは盗人なり、又遣い過ぐして借銭するは愚人なりと」を信条として、忠勤に励んだのだ。

長浜市立長浜城歴史博物館の太田浩司《ひろし》・学芸担当主幹は「三成は全体をみて、状況に応じた極めて合理的な判断を下せる武将だった」と指摘する。秀吉政権の確立期と安定発展期とでは、おのずから必要とされる人材は変わる。秀吉政権が安定期に入り、武功派より文治派が重要となった時、その中心にあったのが三成だった。

秀吉恩顧の武功派と対立

明治時代後期、旧京都帝国大学の解剖学教室の手によって、大徳寺・三玄院に葬られた石田三成の遺骨が調査・分析された。「石田三成　秀吉を支えた知の参謀」（長浜市立長浜城博物館発行）などに記されている。その結果、三成の骨格は男女いずれか分からないほどきゃしゃだった。しかも頭骸骨《ずがいこつ》は、額のよくととのった細面で、容貌《ようぼう》は女性と見まがうほど端正だったはず——との所見である。一方で「鼻のつけ根の隆起が弱く、ひどい反《そ》っ歯」とも記し、三成は骨の細い優男で腺病質《せんびょう》という結論である。

家康へ特別な感情

だが、性格はその容貌とは正反対だったようだ。「三成はその所志を必ず貫徹せざれば、止《や》まざるの士にて、容易に人に聴かず、自ら信ずる事頗《すこぶ》る厚し」と記されるなど、自説をまげず、他説を排撃することが激しかった。上杉景勝らの有力大名といえども、秀吉の取りなしを頼まざるを得ないので、三成に大いに気を遣った。それをかさにきて三成の傲慢《ごうまん》さが出たのは否めない。毛利輝元の家臣の名刀を手に入れようと、かなり強引なことをした逸話も残している。

しかも三成の嗅覚《きゅうかく》は鋭かった。「豊臣家を危うくするのは徳川家康しかない」と早くから思っていたのだろう。家康に特別な感情を持っていたようだ。『淡海落穂艸《おうみおちぼぐさ》』に、大仏殿の普請場で家康が三成のつえを拾ったが、礼も言わなかったという記述がある。家康は大大名であり、三成らしい横柄さといってよいだろう。

大坂城中で三成が火に当たっていた時、浅野長政が三度まで「家康公がお通りになる道だ。それは良くない」と忠告したが、知らん顔だった。長政はついに怒って三成のずきんを取って火中に投げ捨てたが、三成は怒る気配さえなかったという。

武ではなく、文によって出世階段を駆け上がった「実にかわいげのない男」と、加藤清正らの武功派が、三成を苦々しく思うのは当然の成り行きだった。ところが、三成はそれを意に介さない強さを持っていた。『太閤記』（小瀬甫庵《おぜほあん》著）にもあるように、秀吉が家臣を評して「石田は諫《いさ》めについては吾《わ》が気色を取らず」という記述でも、三成の剛直さがうかがい知れる。

近江領国で善政

三成は秀吉政権の発展に障害となると思えば、容赦はなかった。例えば、朝鮮における行状、特に蔚山《ウルサン》籠城問題などで三成らに讒言《ざんげん》されたことなどによって清正は伏見の邸に閉居を命じられた。それだけに恨みは深く、二人は犬猿の仲だった。清正は「治部（三成のこと）とは一生中直り候儀はなるまじく候……切腹仕るとも、中直りは仕るまじく候」とまで言い切っている。

その関連で、こんなエピソードもある。慶長元（一五九六）年、閏《うるう》七月に大地震があり、秀吉のいた伏見城も天守が倒壊するなど大きな被害が出た。謹慎中だった清正は伏見城にいち早く駆けつけ守備役を仰せつかった。そこへ三成が駆けつけたが、城内に入れなかった。

秀吉の命で三成はようやく中門から入ることを許されたが、その時、清正は「せいのちいさき、わんさん者か、通し候え」と大声で指図したということが、『清正記』に記されている。わんさん者とは告げ口男という意味だ。この時も三成は怒らないのである。

三成が順調に出世し、生まれ故郷近くの近江・佐和山城主になったのは、文禄四（一五九五）年のことだった。『近江國坂田郡志』（滋賀県坂田郡教育会編）には、三成の定めた「村掟」をあげ、年貢の納め方について、田を刈り取る前に実地検分し、その豊凶を見定めて免租の量を定め、役人と農民の間で意見の合わない時は、上中下の田を刈り取って升で量った上、裁定を下した。それでも納得できない時は田を一部刈り取り、三つに積み分けてくじ取りにし、二公一民に分配せよという親切さだったという。米を量る升についても統一を目指して公平な「石田桝《ます》」を作っている。同郡志ではこれらを「三成の仁政」として高く評価している。

政権下で知の参謀

また三成は、江戸時代の農村支配の五人組制度の基となる連帯責任制も導入していたという。静岡大教授の小和田哲男氏は「江戸時代の百姓の連帯責任制と相互監視システムを、三成はすでに近江の自分の領地で実践していたことは特筆される」と、「石田三成　第二章」（長浜市立長浜城歴史博物館発行）で書いている。太閤検地、刀狩令など、秀吉の名で語られるさまざまな政策を実際に行ったのも、豊臣政権の内外交の責任者として秀吉の代わりに全国を疾走したのも、三成だった。「三成は幕藩体制につながる諸施策を先駆的に行った豊臣政権下の知の参謀だった」と小和田氏は指摘し、三成が秀吉政権の屋台骨を支えていたことを強調する。

秀吉政権の充実・発展の時代に必要とされたのは、かつての武功派武将ではなく三成のような行政をしっかりとやれる文治派武将だった。しかも、さまざまな意見の相違や路線対立、権力闘争などが起こった際も終始一貫して三成は秀吉・淀殿《よどどの》側について「黒子」として動いてきたのだ。

それだけに三成をめぐる謀略話には事欠かない。どこまで役割を果たしたか、真相はやぶの中だが、豊臣秀長の死後、千利休を切腹に追いやったのは三成ではないかとみる研究者もいる。直情径行型で三成と全面対決していた加藤光泰の怪死事件があり、家臣が三成を切り殺そうという動きも出た。関白秀次追放事件では淀殿と謀って秀次を葬り去ったとの噂《うわさ》が立った。真偽は別として『日本外史』(頼山陽著《らいさんよう》)には「三成、既に秀次を陥れ、遂に諸将の己に異なる者は連累《れんるい》せんと欲し……」と書かれ、近江出身の蒲生氏郷《がもううじさと》毒殺説の関与もいわれている。政権の中枢にいただけに、これらが三成のイメージを暗くしているのは間違いない。

だが、秀吉政権における活躍はやはり抜群だった。朝鮮出兵の際も大いに働き、戦略面でも三成の役割は極めて大きいものがあった。一方で朝鮮出兵は秀吉政権に大きな打撃を与えただけでなく、配下の武功派と文治派との間に埋めることのできない大きな溝を作ったのも事実だった。

司馬遼太郎氏はあるエッセーで、秀吉政権下の対立の底流として、尾張衆の台所組、つまりおねね（北政所《きたのまんどころ》）に世話になりながら出世していった閥《ばつ》がまずでき、それに対抗する形で、浅井家出身の淀殿と、それにつながる近江衆らが閥をつくっていくという流れを説明している。秀吉政権下の親家康派と三成派の形成である。太閤秀吉の死を契機に、これらが底流となって天下分け目の関ヶ原の合戦へと突き進んで行く。

打倒家康、宿願実らず

豊臣恩顧の加藤清正や福島正則《まさのり》は徳川家康の腹を読めなかったが、石田三成は家康の腹の底まで見抜いていた。太閤秀吉の健康が思わしくなくなった時から心配し、家康が天下を取れば、豊臣家が危うくなることを痛切に感じていたのが三成だった。

慶長三（一五九八）年の太閤秀吉の死によって、望外の出世を果たした三成の勢威は急速に低下したのはやむを得なかった。秀吉の遺命をくむかたちで、「豊臣政権」はかろうじて機能していたが、明らかに流動化し、三成追い落としの動きは強まっていた。徳川家康の「横暴」に対する歯止め役だった加賀の前田利家が死んでしまうと、その立場はいっそう不安定化した。

佐和山で挙兵準備

加藤清正や細川忠興《ただおき》ら七人の武将が三成を誅殺《ちゅうさつ》しようと、大坂で立ち上がった時、三成はこれほどまでに憎まれているとは思わなかっただろう。襲撃計画を事前に知って命からがら大坂を脱出し、敵の徳川家康邸に転がり込んだというのが、従来の定説だった。だが、最近、三成が逃げ込んだのは伏見城の自邸内という説が有力視されてきた。『関ヶ原合戦四百年の謎』の著者・笠谷和比古《かさやかずひこ》氏が展開しており、説得力がある。この騒動の仲裁に入って先の七将を抑えたのは、家康だった。三成はここで九死に一生を得、家康の勧告を受けて官職を辞して近江の佐和山城に引退したのだ。

佐和山城に退いたとはいえ、三成は家康打倒の計画を秘かに練り、挙兵に向けて着実な準備を進めていた。その心中を最初に打ち明けたのは、盟友であり、越前敦賀城主の大谷吉継だったとされる。吉継は思いとどまるよう説得したが、最後は死を覚悟して三成とともに行動することになる。その際、吉継は三成に「時宜《じぎ》作法共に、殊《こと》の外《ほか》へいくわい（横柄）に候とて、諸大名はじめ末々の者迄《まで》も、日頃悪しく取り沙汰仕《つかまつ》る由也」などと忠告している。

そして毛利輝元を総大将とした九万四千人の将士が大坂に集まることになった。家康の罪状を「内府（家康のこと）ちがいの条々」十三ヶ条にしたためた書状を全国の大名に送り、事実上の宣戦布告が行われたのは言うまでもない。秀吉亡き後、豊臣家の繁栄を願い、家康打倒の戦いを、天下を治める正義の戦いと位置づけて、ここまでもってきた三成の手腕は見事だった。

計略及ばず総崩れ

慶長五（一六〇〇）年九月十五日、家康が関ヶ原南東の桃配山《ももくばりやま》に本営を置いたのに対し、三成は関ヶ原北西方向の笹尾山《ささおやま》に約六千の兵力で布陣した。三成の本陣には「大一大万大吉」と大書きされた旗が掲げられた。ここからは関ヶ原が一望できる。三成はこの布陣に自信を持っていたことだろう。

午前八時、濃霧のなか両軍十七万人（諸説あり）が激突した。両軍配置を専門家が見れば、西軍の優位は動かなかったが、西軍には吉川《きっかわ》広家ら動かぬ諸隊が少なくなかった。策謀では家康の方が一枚も二枚も上手である。死闘四時間の末、西軍に裏切りがやはり出た。西軍の小早川秀秋《こばやかわひであき》隊だけではなく、脇坂安治《わきざかやすはる》や朽木元綱《くつきもとつな》ら諸隊も寝返って大勢は決し、西軍は総崩れとなった。午後一時過ぎのことである。振り返れば、西軍には諸大名に威圧感を持って号令するような、求心力のある武将がいなかった点も致命的だった。

司馬遼太郎氏はある対談で、たった一人で関ヶ原の戦いを請け負ったかのような三成について「ほんとに大したものです。えらいものですが、秀吉政権の総務部長のようなもので、多くの将兵を関ヶ原に集結させたが、それが限界だった」との辛口の見方を提示し、津本陽氏もその著『武将の運命』で「三成の状況判断の稚拙さに比べて、家康は最後まで周到だった」と評した。いずれも結果論ではあるものの、確かに三成の分析力や決断力はやや甘かった。

『名将言行録』によれば、関ヶ原から敗走した三成は「すでに食を断つこと一二日、ようやく稲穂を拾い食いければ、……草刈鎌《かま》を腰に指し、破れ笠を以《もっ》て面を隠し樵夫《きこり》の形となりて蘆原《あしはら》の中に伏居たりしが、ついに田中吉政の手に落ちぬ」とある。

三成捕縛《ほばく》には諸説あるが、吉政は「凡《およ》そ軍《いくさ》の勝敗は、古今珍しからぬことなり。十五日の合戦に打ち負け給い、御素志忽《たちま》ち空しくなるとも、今は御後悔なかるべし」と三成に声をかけた。三成は「我等は太閤の重恩蒙《こうむ》りたれば、秀頼公の御為《おんた》めに、秀家、景勝、輝元以下と相談して天下の安危を謀ると雖《いえど》も、一戦に利を失ひ、敵に頭を揚げさすること言語にたえて無念なり」と応えたという。

大津に送られた三成はここで家康と出会い「只天運の然《しか》らしむ所にて候、疾々《とくとく》首を刎ねられよ。戦いが吾《われ》に利あらずして敗れ、その責はすべて吾にあり」などと言ったとある。西軍の統率者らしい潔い態度だった。

京都六条河原で打ち首となるのだが、その日、湯を所望したがあいにくなく、干し柿を出されたものの、「体に悪い」と断った逸話は有名だ。三成は「大義を思う者は、首を刎ねられる期までも、命を大切にして、何卒《なにとぞ》本意を達せんと思ふものなり」と語った。執念を感じさせる言葉だ。十月一日のことだった。三成の首は三条大橋たもとにさらされた。

異色の合理主義者

出身地である長浜市石田町には、三成ゆかりのいくつもの石碑が点在している。西郷隆盛の「成敗存亡　君問うことなかれ……」と三成の忠義をたたえた石碑のほかに、近くの神社境内には関ヶ原出陣に際して三成が詠んだと伝えられる和歌「散り残る紅葉《もみじ》はことにいとおしき　秋の名残はこればかりぞと」の碑もある。辞世の歌と伝えられる和歌「筑摩《ちくま》江《え》や芦間に灯すかがり火と　ともに消えゆくわが身なりけり」が彫り込まれた石碑も心を揺さぶるものだ。

三成は利害得失のみで離合集散する争いの時代にあって、秩序や義を重んじる異色の観念的合理主義者だった。ある意味で「近世」を先取りする精神を持った男だったのかもしれない。作家の菊池寛は『日本武将譚《たん》』で「秀吉でさえ憚《はばか》れた程の家康を向こうに回し、国史を画する大戦を試みたのだから、成敗をこえて大人物とせねばならない」と評する。徳川家の徳川光圀《みつくに》が「三成は悪《にく》からざる者なり。人各為其主と云う義にて、事を行う者は敵なりとも悪むべからず。君臣共に能々《よくよく》心得べきことなり」と言って、三成の誠の心を評価している。

『石田三成とその一族』の著者・白川亨《とおる》氏は三成も家康も、藤原惺窩《せいか》の近世儒学に傾倒していた点を指摘しているのがおもしろい。三成はその儒学的教養を、結果として「滅びの美学」に代えて消え去ったのである。豊臣政権の継続という夢を実現することができなかったが、忠義と剛直という観点から見ても、忘れることのできない武将である。

（二〇〇三年三月二十二・二十九日、四月四日）

足利義昭

1537〜1597

力なき将軍、流転の人生

室町幕府最後の十五代将軍だった足利義昭《あしかがよしあき》は、「紆余《うよ》曲折」という言葉が似合う武将人生だった。織田信長によって将軍の座から引きずり降ろされた後も、その権威と顔の広さから信長打倒工作や将軍復帰工作をやり続けた。戦略眼に乏しく常に誰かをあてにする流転の人生だったが、幕府再興に向けた努力と根気は突出したものだった。

戦国時代、武将は家が絶えることのないよう息子の一人を寺院に入れたものである。義昭もそうした一人といえる。天文六（一五三七）年に第十二代将軍義晴の二男として生まれた義昭は、六歳の時に興福寺に入った。覚慶《かくけい》を名乗る僧としての人生を歩み、永禄五（一五六二）年には、興福寺一乗院門跡《もんぜき》にまでなった。

だが、その三年後に兄で第十三代将軍の義輝が松永久秀らに攻め殺されたことで人生は大きく転回した。義昭、三十歳前のことである。『足利義昭』（奥野高広著）などに詳しいが、義昭は一時、久秀一派に幽閉されたが、辛《から》くも脱出し、近江の土豪、和田惟政《これまさ》を頼った。流転の最初は甲賀《こうか》の地だった。

信長を頼って上洛

ここで覚慶は足利家の当主となることを宣言し、歴史の表舞台に現れることになる。上杉謙信はもちろん、武田信玄、島津貴久・義久父子ら全国の有力な戦国大名に出兵を要請するのである。義昭が終生得意とした書簡作戦の第一弾だった。

義昭は湖南から越前の朝倉義景《よしかげ》を頼って落ちのびる。義景に上洛を要請するが、越前や加賀の一向一揆の鎮定などで義景もそれどころではない。そこで永禄十（一五六七）年二月、上杉謙信、武田信玄、北条《ほうじょう》氏政の三人に和して上洛するよう諭《さと》したり、三月には吉川《きっかわ》元春に、毛利元就《もうりもとなり》を説いて協力要請するよう求めたり、必死の工作を行ったが、時は空《むな》しく流れていった。

この間、いとこの義栄《よしひで》が三好《みよし》三人衆に迎えられて第十四代将軍になったのは、大きな衝撃だった。こんな時、尾張の織田信長が急速に台頭、隣国の美濃の戦国大名斎藤龍興《たつおき》を攻略し、続いて伊勢を平定したので、上洛は信長を頼ることになった。永禄十一（一五六八）年九月七日に信長は岐阜を六万の大軍を率いて出発した。当時、京都を実質支配していた三好勢は信長の上洛を聞いて都から脱出していた。信長、義昭らは二十六日京に入ったが、心配された混乱はなかった。

実権奪われ対立へ

義昭が室町幕府の第十五代将軍に任じられたのは、翌十月十八日のことだ。ここに義昭は兄義輝の無念を晴らすことができた。何もかも信長のおかげである。『信長公記《しんちょうこうき》』（太田牛一《ぎゅういち》著）などによれば、義昭は二十三日に信長を招待して能楽を行った。十三番の予定は信長の諫《いさ》めで短縮され、自ら信長に酌をし、小鼓を所望したが断られている。力関係は明らかだった。

義昭は上機嫌で、信長を父と呼ぶ「御父織田弾正忠殿」と記して「今度国々凶徒等、……悉《ことごと》く退治せしむるの条、武勇天下第一なり」とたたえる感状を渡すなど、大いに気を遣った。信長にとって「義昭政権」は傀儡《かいらい》政権以上でも以下でもなく、アメとムチで御《ぎょ》していこうとした。

翌年になって信長は義昭の手足を縛《しば》る第一弾として「殿中御掟《でんちゅうおんおきて》」を定めたが、その一方で義昭の歓心を買うとともに、その安全を図るため、二条城（二条御所ともいう。現二条城とは全く別）を建設、完成させた。その時のエピソードが残っている。信長はこの義昭邸を訪問した時、以前断った小鼓を披露するなど、機嫌がよかった。『言継卿記《ときつぐきょうき》』には、新居を建ててもらった義昭は涙を流して感謝し、宴《うたげ》の後、信長一行の姿が消えるまでずっと見送ったと記されている。

その後、義昭の政治的活動はいよいよ活発になる。これに対抗して信長は、将軍の手足を縛る五ヶ条の条書を発した。将軍の内書には「必ず信長の添状《そえじょう》を添えること」「天下の政務を委任されたからには将軍の意見をまたず信長の思うままに処分する」など、といった内容だ。義昭は信長の膝下《しっか》に屈せざるを得なかった。

義昭は現実の力関係を理解しつつも、プライドが高いために、自分の置かれた権力なき立場を受け入れることができなかった。義昭の水面下の工作が進み、信長包囲網は着実に形成されていった。本願寺門徒勢力、越前の朝倉氏などが立ち上がり、一時は信長が窮地《きゅうち》に陥ることもあった。だが、なお、二人はお互いに利用価値を見いだす間柄で、姉川の合戦後、義昭は信長の危機を救ったりするのである。義昭と信長の関係はまるでキツネとタヌキの化かし合いのようだった。

敗戦重ねて都落ち

義昭は甲斐《かい》の武田信玄に天下平定せよとの内書を与える。元亀《げんき》三（一五七二）年五月のことだ。一方で本願寺の顕如《けんにょ》上人は、通じていた朝倉、浅井の両氏に信長に備えさせたと伝えられる。信長のような新参者で、既成秩序の破壊を推し進める男に天下は譲れないという空気は畿内を中心に根強かった。信長は牽制《けんせい》の意味合いも込めて義昭に異見十七カ条を突きつけた。「信長と親しい者には女房衆までにつらくあたっている」「米を売って商売をしている」などなどである。この信長の強硬措置の申し入れに義昭はいったんは恭順《きょうじゅん》の意を表するのである。しかし、二人の間はもう一触即発となっていた。

そして運命の天正元（一五七三）年になった。義昭が追放される年である。三月に義昭は信玄、浅井《あざい》、朝倉氏らと呼応して信長に反旗を翻《ひるがえ》したのだ。二条城の周囲に新たに堀を設けるなど戦いの準備を進めた。本願寺の顕如も門徒に挙兵を命じた。義昭は兄を殺した旧敵の松永久秀をも許して同盟している。

信長は岐阜から進攻し、知恩院に本陣を設けて京の上京の町々をことごとく焼き払った。義昭の籠《こも》る二条城は信長軍に包囲され、糧道《りょうどう》を断たれた。どうしようもなくなった時、義昭は初めて自分の置かれた危うい立場に仰天して戦意を喪失、正親町《おおぎまち》天皇にすがった。勅使によって四月に義昭は信長に和睦《わぼく》してもらったのだ。

ところが、虚脱状態から脱すると、義昭は再び元気を取り戻し、また朝倉氏、本願寺勢力などに内書を与えて決起を促し、毛利輝元からも兵糧米《ひょうろうまい》を徴集した。懲りない男というのは、義昭のような男をいうのかもしれない。ついに七月、義昭は山城の槇島《まきしま》城に兵三千七百とともに立て籠って戦いを挑んだが、力の差は歴然だった。信長勢が攻め立てると、あっけなく落城し、ここに京の室町幕府に終止符が打たれることになった。義昭は落ちのびるしかなかったが、これから二十年以上幕府再興に執念を燃やし続ける。

室町幕府の再興に執念

室町幕府が倒されて、足利義昭の落胆は大きかったが、しばらくすると、幕府再興しか念頭にない状態になっていた。そこに義昭の特異な精神構造がある。失意や落胆から立ち直る早さは生まれつきのものかもしれない。

流浪し反信長工作

落ちぶれたとはいえ、足利将軍家の中心人物とあれば、その権威はなお大したものだった。地方の有力武将や大名はこの義昭に利用できる価値を見いだしていた。筆まめな義昭は、流浪しつつも御内書を連発して地方有力大名を「反信長」でたきつけようとした。その工作はほとんど成功しなかったが、全く無視するわけにはいかないところに元将軍の権威はあった。

追い出された京からいったん堺に移り、そこから流れて和歌山の由良《ゆら》に滞在することになった。今度は越後の上杉謙信に対して上洛指令を出し、上洛すれば、政治は任せるとの意向を示したり、薩摩《さつま》の島津義久にも帰洛協力の要請を行ったりしている。しかし、天下は信長を中心に回り始め、その動きは大きな流れとなっていた。

こうなれば、義昭は西国の雄藩・毛利勢をあてにしようと考えた。天正四(一五七六)年、義昭は由良から備後《びんご》の鞆《とも》(広島県福山市)に移ることにした。毛利家に投げかけた波紋は大きかった。毛利輝元は苦悩の末、義昭を受け入れることにし、分国内の地侍《じざむらい》らに通達し、反信長の旗幟《きし》を鮮明にしたのだった。義昭はこの地で居館を設けてもらって次々と有力戦国大名に指令を出し室町幕府の再興を企てる果てしない努力を続けた。

三重大学教育学部教授の藤田達生氏は、その著『謎とき本能寺の変』で「義昭は天正十五年まで現職の将軍だったし、京都を離れてからも将軍の権威を失っていなかった」とする。実体的に「鞆幕府」があったとする研究者で、義昭が鞆の浦に移った際、決して少人数ではなく、近臣や奉公衆ら百人以上も従えていたと強調する。鞆の地で毛利輝元らに毛氈鞍覆《もうせんくらおおい》や白傘袋の使用の特権を付与したほか、この地で京都の五山の住持《じゅうじ》を任命する公帖《こうちょう》を発給するなどしていたというのである。

天正五(一五七七)年は激動の一年だった。信長と毛利勢との戦いが始まる一方、上杉謙信、本願寺、北条氏政らの間で和議が成立し、宿願の信長包囲網は出来上がったかに見えた。だが、反信長で立ち上がった松永久秀もあえなく討ち死にしたほか、謙信は京都に向けて出発する前に死に、反信長陣営は大きな打撃を受けた。本願寺もその後、ついに大坂・石山を撤退する約束をするなど、状況は次第に信長側が有利になっていった。

「本能寺」首謀説も

信長配下の羽柴《はしば》秀吉が西国討伐に向けて京を出発し、信長勢と毛利勢との本格的な対決が始まっていた。秀吉を中心に中国攻めが活発化するなか、毛利側の戦いの精神的な中心は義昭だった。毛利家傘下の吉川経安《つねやす》は子が鳥取城の攻防で自害したことで子孫に対して置き文を作った。天正十（一五八二）年二月のことだ。「義昭は織田信長を征伐するために備後国鞆に動座した。毛利輝元は副将軍となり、小早川隆景《たかかげ》らは、その権威によって戦い続けている」（要約）と記していることからも分かる。

そして本能寺の変が起こった。義昭謀略説もいわれる政変だ。「信長を討ちはたしたうえは、帰京できるよう……」と、義昭が毛利の家臣に宛てた手紙が残っている。この主語は「明智光秀であり、義昭ではない」という見解を取る研究者が多いが、義昭謀略説派は「これは、義昭が主語だ」と主張するいわくつきのものだ。

そして信長亡き後、秀吉と柴田勝家の間で主導権争いが起こった時、義昭は勝家側に味方して失敗する。勝家は義昭を担いで毛利輝元の助けを得て秀吉を攻めようと考えた。義昭はしきりに出兵を催促したが、毛利側は結局、形勢を傍観することになった。宣教師のルイス・フロイスは天正十一（一五八三）年十二月十八日付で「内裏《だいり》の次位にある公方《くぼう》様（義昭）は、彼を追放したる信長の死したるを見て、おのれの追放を想起し、おのれをして、天下の君とならしめんことを羽柴に請いたり。羽柴はなんらの返答をなさず」と記す。薩摩の島津義久に援助を頼む手紙を書き、時代の流れを全く見ていない「義久を九州の太守にする」などの内容の手紙を送っている。驚くべき感覚といえる。

秀吉と和し上方へ

天下の実権を握った秀吉は、義昭の猶子《ゆうし》となって征夷大将軍を名乗ることを画策したが、義昭はそれを許さなかったと伝えられる。義昭のプライドはやはりなお高く、力も持続されていたというわけだ。とはいえ、秀吉政権は信長政権とは比較にならないほど強固だった。ここに義昭は幕府再興という見果てぬ夢を見続けることは難しくなった。天正十五（一五八七）年九月、秀吉の内意を受けて義昭の帰京が本決まりとなった。京を追われて十五年後のことだ。帰京後の義昭の居宅は大坂、私宅が宇治槇島だったと伝わる。

義昭は上方に戻り、出家して道号を昌山、法名を道休として秀吉から一万石を与えられた。ついに秀吉に屈したのである。翌年には秀吉とともに参内《さんだい》している。この十五年間、まさに流転の人生だった。大和、近江・甲賀《こうか》、若狭《わかさ》、越前、そして美濃から京へ、信長に追放されてからは紀伊を経て備後の鞆に落ち着いた。感慨大なるものがあったに違いない。

上洛した毛利輝元は聚楽第《じゅらくてい》を訪問したあと、大坂の宇喜多《うきた》秀家の屋敷を訪ねた。この時、秀吉も臨席し、義昭は庭に下りて秀吉を迎えている。時代が大きく転換したことを象徴する場面だった。このあと、輝元は安国寺《あんこくじ》恵瓊《えけい》や細川幽斎を従えて義昭を訪ねている。きっと昔話に花が咲いたことだろう。

それからも、義昭は生き続ける。文禄年間には、秀吉の命に沿って朝鮮出兵に従軍するため軍装りりしい姿となって肥前・名護屋まで行き上機嫌だったという。そして慶長年間に入って義昭は腫《は》れ物にかかり、数日、床に伏したあと、息を引き取った。六十歳だった。『細川家記』には、鞆に滞在中に死んだとある。細川幽斎はかつて義昭に仕えて東奔西走《とうほんせいそう》し、義昭を将軍にした功績者の一人で、義昭の死に際して十貫文を供えたという。

義昭は将軍の座についた喜びは五年ほどでしかなく、挫折は自らの誇りを傷つけるものだった。この間、人生の喜びも苦しみも十分味わった。豪華な生活も、何かと質素な生活も経験した。晩年、秀吉に屈したとはいえ、死ぬ間際まで室町幕府再興という歴史の歯車を逆回転させる執念を胸に秘めていたに違いない。その粘りの軌跡はやはり驚異的というしかない。


（二〇〇四年四月十九・二十六日）

山内一豊

1545〜1605

機転、内助の功で大出世

ここぞという時に、機転をきかせたすばやい決断ができる人がいる。それが、その後の人生で大きな果実をもたらすことがある。尾張出身で長浜城主を務めた山内一豊《やまうちかずとよ》（「かつとよ」とも読む）もそういう一人だった。一豊は近江における内助の功で出世の糸口をつかんだ武将として有名で、織田信長、豊臣秀吉、徳川家康に仕え、最後は家康から土佐一国を与えられて大出世を遂げるなど、処世の達人でもあった。

妻の力で駿馬獲得

『長浜市史』（長浜市発行）、『近江國坂田郡志』（滋賀県坂田郡教育会編）などによれば、一豊は天文十四（一五四五）年、尾張国羽栗《はぐり》郡の黒田城（愛知県一宮市）で生まれた。尾張守護代の織田信安の家臣だったが、主君が織田信長に討たれた際、父も討ち死にしたという。このため一豊母子はほぼ流浪の身となって苦労する。幾人かの小領主を転々とした後、信長に仕えることになったようだ。

一豊は元亀元（一五七〇）年の近江の姉川の合戦で大いなる武功を立てている。『高知県史』（高知県発行）によれば、木下秀吉の指揮下で、越前・朝倉勢の猛将・三段崎《みたざき》勘右衛門と戦い、左のまなじりから右の奥歯に達する矢傷を受けながら、三段崎を討ち取る殊勲を立てた。戦後の論功行賞で長浜の北に四百石の地を与えられており、一豊はまずもって勇将だった。

その三年後ぐらいに一豊は、坂田郡飯《い》村（米原市）の若宮氏の娘（後の見性院《けんしょういん》）と結婚している。『名将言行録』などによれば、一豊が安土にあった時、東国第一の駿馬《しゅんめ》と言って商う者がやってきた。「誠に無双の駿足なれど、価余《あま》りに貴しとて求むべき人なし」という状況だった。一豊も欲しかったが、どうにもならず、家に帰った時、「身貧き程、口惜きことはなし」と言ったところ、妻が「其《その》価は如何計《いかばか》りに候《そうろう》」と聞くので、「黄金十両」と答えた。大金だった。

妻は「左様《さよう》に思い給《たま》わんには其馬求め給へ。其料をば参らすべし」と言って、鏡の箱の底から黄金を取り出して差し出した。一豊は大いに驚き「今此《この》馬得べしとは思いも寄らざりきと」と喜んだ。妻の嫁入りの際に、父が夫の一大事の時に使えといって渡したものだった。一豊はこの駿馬を求め、ほどなく京での馬揃《ぞろ》えで打ち乗った。この名馬を前に、信長も「天晴《あっぱ》れの馬なり」と言い、事情を聞いて「弓箭《きゅうせん》執る身の嗜《たしなみ》是《これ》に過ぎたることありや」と感心したという。

江戸中期までに、この話は口伝えで相当有名になっていたようだ。確かな史料には見当たらないし、その黄金は一豊の母が出したという異説もあるが、貧乏所帯を切り回す内助の功が際立っていたのは確かなようだ。一豊は秀吉の配下となって長篠の戦い、播磨《はりま》での上月《こうづき》城攻め、三木城、有岡城、鳥取城、備中高松城攻めに次々と加わり、軍功をあげていった。一豊は賢夫人の活躍によって出世街道をひた走るのである。

秀吉の信頼も厚く

戦《いくさ》ごとに一豊の禄高《ろくだか》は上がり、天正十二(一五八四)年には小牧・長久手《ながくて》の戦いでも戦功があってついに、近江国・長浜城五千石の領主となった。翌年は若狭国《わかさのくに》高浜城主となって約二万石を得、直後に江北二万石を与えられて再び長浜城主となり、豊臣秀次付き重臣を命じられるなど、信頼も厚かった。だが、長浜城では、悲しい出来事もあった。天正年間の大地震で娘を失ったことだ。山内家史料の『一豊公紀』などによれば、「大地震仕り、長浜の御城内大半潰《つぶ》れ申し候。一豊様は御在京の御留守にて……御姫様の御部屋へ参り屋根を切り破り見候えば、大きなる棟木落ち掛かり、その下に御乳母共に息絶えて伏しなされ候よし、そのほか御城内にて……数十人相果て……」という、悲惨な状況だった。

一豊は聚楽第《じゅらくてい》の普請《ふしん》役を務め、小田原《おだわら》討伐に従軍し山中城攻めに加わり、続いて長浜城から遠江国《とおとうみのくに》の掛川城、五万石の掛川城主と出世した。一豊の長浜城在城は約六年間にのぼった。この間、各地に転戦していたものの、長浜や湖北出身者を取り立てていたので、家臣にも相当数の近江出身者がいた。

そして多くの武将がそうだったように、一豊にとって最も大きな人生の岐路というのは、やはり関ヶ原の合戦にどう対応するかだった。一豊は徳川家康の実力ぶりに秘《ひそ》かに意を通じていたといわれる。家康は各大名の供応を受けながら会津に向かって東下《とうか》した。先に掛川城に入った一豊は茶亭をしつらえて家康を供応した。

『日本外史』（頼山陽《らいさんよう》著）などにあるが、関ヶ原合戦前の会津討伐で、西軍の蜂起の状況などを秘かに伝える夫人の文箱《ふばこ》が密使によって一豊にもたらされた。「大坂より使いを馳《は》せて事を告ぐ。路《みち》、敵中を経るを以《もっ》て、……笠糾《りゅうきゅう》と為《な》す」とある。書面を細かく折りたたみ笠の紐縄《ひもなわ》により込まれていた。一豊はこの封を切らずに当時、小山《おやま》に本営を置いていた家康に差し出したのである。ここにも、妻の機転が生かされたと伝えられる。

家康に忠義尽くす

『寛政《かんせい》重修《ちょうしゅう》諸家譜《しょかふ》』などにあるように、徳川家康が石田三成の挙兵を知って西下《さいか》する際、軍議で一豊は掛川の自らの居城を家康に明け渡し、忠誠のしるしとして人質も差し向けると言ったので、家康はその忠節ぶりを大いに喜んだ。一豊のこの行動が波紋となって、東海道筋の諸将がこぞってそれぞれの城を開き、人質を献じたのである。妻の忠誠心とともに、こうした決断のすばやさが、家康の心を強くとらえ、戦後の大出世に結びつくのだ。藤堂高虎ほどの知略はなかったかもしれないが、なかなか抜け目のない処世ぶりだった。

慶長五（一六〇〇）年の関ヶ原の合戦では約二千の兵を率いて、南宮山麓《なんぐうさんろく》に布陣したが、毛利、吉川《きっかわ》勢らの動静を監視する役回りで、これといった軍功はなかった。だが、戦前の一豊の機敏な対応を家康が高く評価していたので、一豊は土佐一国、二十万二千石（二十四万石説も）の領主として土佐に入ることができた。外様《とざま》大名としては破格の扱いの一人だった。土佐は長く長宗我部《ちょうそかべ》一族が支配しており、警戒心の強かった一豊は外に出る時は、同じ服装をした影武者六人を常に引き連れていたという。

『日本名城伝』で著者の海音寺《かいおんじ》潮五郎《ちょうごろう》は「一豊は英雄でもなければ、豪傑でもない。小心で誠実な平凡人だ。幸運で拾った二十万石……」と辛口の批評をしているが、内助の功に決断と機転、これらをもって激動の時代を生き抜いた一豊の武将人生はやはり波乱に富んだものといえる。

（二〇〇四年五月三日）

大谷吉継

1559〜1600

関ヶ原で本懐遂げ自刃

岐阜県関ヶ原町に初夏を思わせる風が吹き抜け、夕闇が迫る。天下分け目の関ヶ原合戦場跡に立っていると、何人もの敗軍の将が抱いた無念の思いがひしひしと伝わってくる。その一人、西軍の武将だった大谷吉継《おおたによしつぐ》(吉隆)の墓は北西山中の宮の上にあり、周囲が石柱に囲まれて今も花が供えられている。石田三成は豊臣家に忠節を尽くしたが、関ヶ原で倒れた吉継は、三成の決断にかけてその志に殉じた忠義の武将として語り継がれている。

秀吉の家臣として

近江は三河や尾張などと同様に戦国時代に多くの武将を生んだ。そのなかでも湖北は際立っており、浅井長政《あざいながまさ》、石田三成をはじめ片桐且元《かたぎりかつもと》らがいる。豊後《ぶんご》出身説もあるが、吉継も近年は湖北出身説が有力となっている。

天正年間初期に長浜城主となった羽柴《はしば》秀吉は地元から多くの家臣を採用しているが、このなかに大谷吉継や石田三成がいたことは想像に難《かた》くない。『武功夜話《やわ》』に吉継は、大谷平馬として、秀吉の馬廻《うままわ》り衆として登場している。十九歳のころだ。秀吉の中国攻めに従って出陣、現在の兵庫県三木市にあった三木城攻撃中に秀吉は観月の宴《うたげ》を催しているが、その際に列席した家臣団の一人だった。羽柴秀長や福島正則《まさのり》らとともにいるのだから、相当出世していたと思われる。

『智将 大谷刑部《ぎょうぶ》』（池内昭一著）、『大谷刑部のすべて』（花ヶ前盛明《はながさき》編）などによれば、吉継は天下分け目の賤ヶ岳《しずがたけ》の合戦で「七本槍《しちほんやり》」になれなかったが、その後、秀吉が補佐役的な諸大夫《しょだいぶ》十二人を置いた際、刑部少輔《しょうゆう》に任じられた。この時から吉継は「大谷刑部」とも呼ばれるようになった。文治派として三成を補佐し、さまざまな戦いの遂行に活躍していく。

ここ最近の研究では、吉継が「悪瘡《あくそう》」に悩まされながらも、秀吉に引き立てられていくのは、大坂城で秀吉の母親・大政所《おおまんどころ》や正室・北政所《きたの》の世話をする母親の東殿の存在が大きいことが次第に分かってきた。東殿は単に二人の取り次ぎや世話だけでなく、大友宗麟《そうりん》の見聞記に登場するなど、かなりの政治力を持っていたことが推測されている。ともあれ、吉継は天正年間後期に越前の敦賀城主に抜てきされ、五万七千石を領する大名となった。

三成とは刎頸の友

吉継と石田三成は刎頸《ふんけい》の友といわれる間柄である。『常山紀談《じょうざんきだん》』（湯浅常山著）などによれば、越前敦賀の城主だった吉継は、徳川家康の会津討伐に従って兵千をまとめて、美濃国垂井《たるい》に着陣した。実は吉継は家康の器量の大きさに以前から心を寄せていた。というのも、秀吉没後、家康派と前田利家らの大老・奉行派が一触即発となった時、吉継は武功派とともに家康の伏見屋敷の防備に当たっていたとされることからも分かる。

ところが、会津討伐の途上で、近江・佐和山《さわやま》城に引退していた三成から声がかかり、吉継は佐和山城へ出向いた。三成は大いに喜んで「関東を討ち亡ぼすべき謀《はかりごと》をぞ語りける」とある。関東とは家康のことである。おそらく三成が初めて心中を明らかにした最初の男と思われる。

吉継は大いに驚いたが、三成の「豊臣家の恩を厚く蒙《こうむ》りたる身なれば、秀頼公の御為にかく一大事を思ひ立たるぞかし……」との言葉に対して、吉継は「思慮すべき事ふたつあり」として「江戸の内府（家康）は礼法あつく仁愛深し　人のなつき従う事大方ならず」とし、もうひとつは「大事は智勇の二つならでは　とげ得がたし。石田殿は智有りて勇足らざるかと存候」という忠告だった。そして吉継は三成との二十年来の歳月を顧みて、三成の豊臣家を思う心にほれ直し、死をも覚悟して三成に味方することを承諾したのだった。それは七月十一日と伝えられる。

この時、すでに吉継は病の身だった。悪瘡のため、一年中、頭巾《ずきん》に覆面姿で、真夏でもそれを外して素顔を見せなかったというから、人生後半には相当悪くなっていたようだ。こんな話が伝わっている。大坂城での茶会の際、回ってきた濃茶の茶碗に、吉継の傷から膿《うみ》汁が一滴、したたり落ちたという。居並ぶ大名のなかには困惑の表情を浮かべる者もあった。座が静まり返ったようになった時、三成がそれを一息で飲み干して万事終わったのである。吉継は三成に男の友情を強く感じたのは間違いない。

『名将言行録』には「吉隆（吉継のこと）、固《もと》より三成の敗るべきを知り、之《これ》を諌《いさ》めること再三、去れども、三成意既に決めて回《かえ》すこと能《あた》わず」と伝える。だが、時は戦国乱世だ。多くの家臣を持つ武将が勝算なき戦いに繰り出すことはほぼないと言ってよい。三成側に与《くみ》した時、吉継の胸中にはそれなりの展望はあったことだろう。佐和山城での三成、安国《あんこく》寺恵瓊《じえけい》との密議で、総大将を毛利《もうり》輝元、副大将を宇喜多《うきた》秀家などと決めている。

関ヶ原へと吉継が率いた軍勢は数千人規模（諸説あり）で、関ヶ原の西南、山中村の藤川の前に布陣した。中山道《なかせんどう》の南、松尾山の麓《ふもと》には脇坂安治《わきざかやすはる》らが小早川《こばやかわ》秀秋の裏切りに備えるはずで、吉継勢が対したのは東軍の藤堂高虎勢や京極高知《きょうごくたかとも》勢だった。辺りは濃霧に包まれていたため、『徳川実紀《じっき》』に「かかる大戦は前代未聞の事にて諸手《もろて》討ち込みの軍《いくさ》なれば、作法次第という事もなく、我がちにかかり、敵を切り崩したる」という状況で、鉄砲、矢が飛び交い、白刃がきらめく白兵戦だった。

病身押し陣頭指揮

吉継勢も藤堂、京極勢などを相手に奮戦した。失明同然で歩行もできなかったが、頭から顔を白布で覆って陣頭指揮したと伝わる。午前九時からの激戦は数において劣勢の西軍がやや押し気味ともみられる戦局となっていたが、正午すぎ松尾山の小早川勢が裏切りを実行、大谷勢に襲いかかった。あらかじめ想定して配置していた数百の兵が小早川隊を迎撃し、約五百メートルも後退させたという。

予想以上の善戦だったが、吉継の配下にいながら戦況を見つめて動かなかった脇坂勢や朽木《くつき》勢らの四隊約四千も寝返って、吉継勢の攻撃に加わった。午後一時ごろのことだ。しかも態勢を立て直した藤堂、京極勢も攻め立てた。吉継勢に逃げる兵はなく勇猛果敢に戦ったが、形勢は覆ることなく有力家臣も次々に討ち死にし、吉継もついに覚悟を決めてこの関ヶ原で自刃《じじん》した。

『名将言行録』でも「吉継汎《ひろ》く衆を愛し、智勇を兼ね、能《よ》く邪正を弁ず　世人称して賢人と言いしとぞ」などと高く評価された武将だった。その最期の思いは分からないが、義と勇を重んじる武将としての本懐《ほんがい》を遂げたのではないだろうか。

（二〇〇四年五月十日）

細川忠興

1563〜1645

権力の行方を見極め処世

戦国時代、処世の達人と評された細川幽斎《ほそかわゆうさい》の嫡男《ちゃくなん》、細川忠興《ただおき》（三斎《さんさい》）もやはり、父親譲りの先を見通す確かな眼力を持っていた。利休七哲《しちてつ》の一人として茶の湯に通じる一方、信長―秀吉―家康と権力が移るに従って円滑に身を処した。京の生まれ育ちながら、極めて剛直、豪気な性格を備えていたのには驚かされる。

信長と親密な関係

忠興は父幽斎が信長の臣下となって後、天正五（一五七七）年、信長の雑賀《さいか》一揆攻めの和泉《いずみ》貝塚合戦が初陣だった。続いて反旗を翻《ひるがえ》した松永久秀勢を攻めて名を上げた。このころ、武功顕著で信長の長子、信忠からの一字を与えられ、与一郎忠興とした。以後、父とともに摂津《せっつ》、播磨《はりま》、丹波、丹後と転戦を続けて信長から丹後十二万石を与えられ、のちに宮津城を築いた。

忠興がいかに信長にかわいがられていたかを示す書状が残っている。『細川幽斎・忠興のすべて』（米原正義編）によると、信長が忠興に宛てた心温まる内容で、「唐錦一巻到来候《そうろう》、……目を驚かし候、懇切悦《よろこ》び入り候、近日上洛すべく候間、面展《めんてん》（会うこと）の時を期し候也《なり》」と書いていた。信長と忠興の親密さを示して余りある。

それだけに、当時の誰もが驚いた本能寺の変は、細川父子にも大きな衝撃を与えた。忠興の妻は、信長を討った明智光秀の娘（ガラシャ）である。当然のように、岳父の光秀からは味方となるよう誘いがきたが、きっぱり断った。父子とも光秀では天下は治まらないと見抜いていたのである。忠興は光秀からの使者を斬り殺そうとした。激しい性格である。物心がついたころから信長に臣従してかわいがられてきただけに、信長を殺した光秀に対する憤りは父以上に強かったに違いない。髻《もとどり》を切って弔意を表し、妻のガラシャを丹後国味土野《みどの》の山中に蟄居《ちっきょ》させている。

京育ちながら剛直

忠興は若いころは直情径行型の性格だった。乱暴者というか、京育ちとは思えないエピソードが、『名将言行録』（岡谷繁実《おかのやしげざね》著）にある。家来のしつけがいいとほめられた時、忠興は「家来共に二度までは教え申候。三度目は切り申候故か、行儀能《よ》く候」と答えたという。恐い話ではある。本能寺の変後、父の幽斎は隠居の身となり、忠興が当主となった。忠興は秀吉の臣下となったわけで、その後、小牧・長久手《ながくて》の戦いなど多くの戦に参陣、その働きが認められて順調に出世していった。

だが、その忠興が最も危なかった時がある。豊臣秀次失脚事件だった。権力の行方に敏感だった忠興は関白となった秀次に接近しており、黄金百枚をもらっていた。失脚が持ち上がったとき、忠興は大いに弱った。これが表沙汰《おもてざた》になれば、危ないと直感したのだろう。『寛政重修諸家譜《かんせいちょうしゅうしょかふ》』によれば、その黄金を借りたことにして返す工作を始めたが、急なことでうまくいかないところに、家康から拝借できることになって、この黄金を太閤秀吉に差し出し、勘気を解かれ、窮地を脱することができたというものだ。

確かに忠興は加藤清正や福島正則《まさのり》とともに武功派の将となって家康とよしみを通じていた。太閤秀吉が死んで「豊臣政権」が不安定になり、支え役の前田利家が死んだ直後、石田三成を急襲した七将の一人だった。旗幟《きし》を鮮明にしていた忠興は、慶長四（一五九九）年十一月、家康・秀忠に別心ない誓紙を出し、おまけに家康側に事実上の人質として息子を江戸に送るという鮮やかとしかいいようがない決断をしている。

関ヶ原の合戦では、五千百の兵を率いて東軍として出陣、他の将とともに岐阜城を攻め落とした。九月十五日の関ヶ原の合戦では、最前列に布陣し、島左近《さこん》隊などと激しく戦い、敵兵百三十六人を討ち取る勇猛ぶりだった。『細川幽斎』（細川護貞《もりさだ》著）によると、合戦後、忠興は直ちに取って返すように大津から亀山（亀岡市）に入り、父幽斎と対面した。

幽斎が「何事なく帰陣目出度《めでた》し」とねぎらったが、忠興は返事をしなかった。父幽斎が西軍に攻められて腹を切らずに開城したのを「命欲しさに……」と思い込んでいたのだ。幽斎が「そなたは身共が下城いたしたるを腹立ちと見えたり。年寄りて命の惜しきにも非《あら》ず、三度まで勅使を受けて下城せし者……」と言うと、ようやく理解できた忠興は不明を恥じ、平伏して涙を流したと伝わる。このあと、舞鶴田辺城を奪還、小野木《おのぎ》公郷の守る福知山城を攻め落とした。

度を越す愛妻家

この間、大坂屋敷に残していた妻のガラシャが西軍に攻め込まれて死に追いやられるという悲しい事件も起こった。忠興は愛妻家だった。度を越していたという説もある。『細川ガラシャのすべて』（上総英郎《かずさひでお》編）によると、ガラシャを愛するあまり、屋敷の奥に隠すようにさせ、誰にも顔を見させなかったというのは有名な話だ。出入りの職人が口を聞いたことを知って、この職人を斬ったという話も伝わっている。

『日本西教史』にガラシャのことを「天性の国色《こくしょく》、容貌《ようぼう》の美麗比倫なく、精神活発、穎敏《えいびん》、果決、心情高尚にして才智卓越せり」と記されている。色好みの秀吉が噂《うわさ》を聞いて忠興にガラシャの参上を強要した。そこで忠興らはガラシャを小袖の下に死装束の白衣を着せ、自害用の懐剣を見えるように差させたという。これには、秀吉もしらけてしまったと伝わる。

忠興は茶人としてもなかなかのものだった。なにしろ、戦国大名が茶の湯に耽《ふけ》ることを戒めるケースは少なくないが、忠興の父幽斎は「武士《もののふ》の知らぬは恥ぞ馬茶の湯　はぢより外に恥はなきもの」と詠む武将であり、忠興も熱心だった。利休七哲の一人だったのはもちろん、北野大茶会では自身の茶亭を松の根かたに構える栄誉も得ている。若いころは、父の歌学《かがく》を軟弱と軽蔑《けいべつ》していた風もあったが、加齢とともに気持ちが変わり、和歌の良さが分かってきたということも書き残している。

忠興も父に習って権力の所在や行方を見極める能力、人心の掌握に極めて有能だった。その根本は情報で、江戸にあって幕閣の主要メンバーに贈り物を続けるなどして、先の権力の行方に細心の注意を払った。例えば、大船を管理する江戸の船手頭《ふなてがしら》が大坂に異動になると、早速、息子の忠利を挨拶《あいさつ》に行かせるなど抜かりはなかった。

関ヶ原合戦後、忠興は豊前《ぶぜん》一国と豊後《ぶんご》の一部など三十九万九千石の大名となり、新領地の豊前中津城に移った。元和《げんな》年間に家督を息子の忠利に譲り、三斎宗立と号した。寛永年間に肥後《ひご》熊本に国替えとなったのにともない、八代《やつしろ》城を隠居城として正保《しょうほう》年間まで生きた。

（二〇〇四年五月十七日）

片桐且元

1556〜1615

忠節と保身の間で苦悩

太閤秀吉の忠臣だった片桐且元《かたぎりかつもと》は、豊臣家への忠節を第一としながら、豊臣家を亡き者にしようとする徳川家康側に抱き込まれ、忠節と自己保身のはざまで揺れ動いて一生を終えた武将だった。二枚舌とか八方美人とかいうのではない。対立する間に入って、いずれにも誠意をもって接しているうちに、気がつけば結果的に不忠者となり、「大変なことをした」と無念の思いを抱いて悶《もん》死したようなものだった。

関ヶ原後に〝重用〟

近江国浅井《あざい》郡（滋賀県長浜市）の出身とされる且元は石田三成らと同様、弘治二（一五五六）年に生まれた。天下人の器とも評された蒲生氏郷《がもううじさと》、処世のうまさで大出世した藤堂高虎も同年生まれである。この近江出身の三人の武将は氏も素性も全く違うが、それぞれの生き方を比較した時、感慨深いものがある。

且元は羽柴《はしば》秀吉の長浜城主時代に仕官した。『絵本太閤記』には、山崎の合戦で且元が大手柄を立てたことが載っているほか、賤ヶ岳《しずがたけ》の合戦では七本槍《しちほんやり》に加わる活躍をしている。だが、且元の本領は文官の分野だった。多くの検地奉行として活躍し、秀頼《ひでより》の守役《もり》に任じられたりしているが、石田三成や長束《なつか》正家らほど重用された形跡はない。且元の行動が際立つのは、やはり関ヶ原合戦後である。

『片桐且元』(曽根勇二著)などによれば、関ヶ原の戦いを前に、且元は大坂城にあって東軍に寝返った京極高次《きょうごくたかつぐ》の居城・大津城の包囲作戦に家臣団を送り込んでいるが、消極的な参戦だったといえる。そして関ヶ原合戦後、明らかになったのは、大坂城に残る人材は払《ふっ》底《てい》していたという現実だった。豊臣家を支える有力諸将は大半が討ち死にか斬首《ざんしゅ》となって、且元は大坂城内に残った唯一の元老、重臣になっていた。

しかも、家康が関ヶ原の合戦報告で大坂城に入った際、且元は警備役として誠に丁重に出迎えた。家康はこれに気をよくして、その対応を高く評価、翌年の加増に反映させた。且元は摂津《せっつ》茨木城主から一万八千石を加増されて大和龍田城主になった上に、家康の推薦によって大坂城の家老職についたと伝えられる。家康側にとって且元ほど利用価値を感じさせ、御《ぎょ》しやすい男はなかった。胆力が弱く、相手に強く出られると、引き下がってしまう。初心を忘れて時勢に迎合し、出世欲もある小心者と見られていたに違いない。

一方で、主要な折衝《せっしょう》役を一挙に失った豊臣家にとっても、家康と通じる且元は重宝だと信じたのだろう。しかし、結果論で言えば、且元は「豊臣家の行く末をまかせる」に足る人物ではなかったわけだ。慶長九（一六〇四）年に行われた秀吉七回忌における総奉行は且元だった。且元は豊臣家の代表としてそれを演出するプロデューサーであり、豊臣家存続に向けて大いに活動していたといえる。秀頼は多くの寺社を再興、寄進したが、大半の工事の奉行をしたのも且元で、社寺からの礼状は且元にも届いた。

豊臣家存続へ奔走

策略の長《た》けた家康はもっと且元を取り込もうと、国奉行として摂津、河内《かわち》、和泉《いずみ》の三ヶ国を支配させた。豊臣家の家老だからこそ任命したのである。且元は豊臣家の家老であり、実際の政治権力を握る徳川方の国奉行であるという二足のわらじをはいていたとされる。

そして問題となる方広寺《ほうこうじ》大仏殿の造営にも全力を尽くしていた。その且元が最も苦悩したのが鐘銘《しょうめい》事件だった。鐘銘の「国家安康《あんこう》」「君臣豊楽《くんしんほうらく》」が「家康の名を分断し、豊臣の繁栄を願う不吉なもの」と難詰、開眼《かいげん》供養を中止せよとの申し入れがあった。鐘銘事件は豊臣方にとって晴天の霹靂《へきれき》だった。且元は責任者として走り回っている。家康が豊臣家の莫大《ばくだい》な出費を狙って、その力をそごうという意図は知っていただろう。だが、豊臣家の存続を第一に考えるなら、妥協は必要と考えた。そうでないと、最悪の選択である戦いが始まる予感があった。

且元は家康のいる駿府《すんぷ》に向かい、本多正純や金地院崇伝《こんちいんすうでん》らと交渉した。「大坂城に多くの浪人を召し抱えている」など二人から徹底的にいじめられたとの記録もあるが、且元も引き下がらなかった。家康側のいいがかりを分かっているから「何が不敬なのか」と開き直る道もあったが、それができなかった。且元は家康側の強硬な態度の背後に豊臣家を滅亡に追い込もうとする意図をあからさまに感じたようだ。ついに且元は秀頼母子の大坂城退城しか道はないと思い始め、三カ条を私案としてまとめたのもこのころだ。

秀頼も淀殿《よどどの》も現状認識が遅れていたのかもしれない。説明下手が事態をさらにこじらせ、且元は内通している男、裏切り者と見られるようになった。且元は楽観論者というのか、事態の推移をしっかりと把握できないのか。なお、徳川方と秀頼母子との間を調整できるし、調整せねばと思い込んでいたようだ。だが、現実は、徳川方にいいように操られ、その作戦にはまり込み、交渉下手を暴露しただけだった。

冬の陣で徳川方に

自らの暗殺計画も流れるなか、慶長十九（一六一四）年十月、且元はもはやこれまでと思い兵数千人を率いて大坂城を退去し、摂津茨木城に戻った。そして待っていたかのように家康は大坂城の攻撃を決定した。この時、且元は明らかに家康側に立って米の回送などで家康側に有利なようにはからう命令を出していた。家康側に寝返ったとみられた且元は、大坂方が堺を占拠した知らせを受けて三百ほどの兵を出すなど、完全に家康側についたのである。

京の二条城に到着した家康は且元、藤堂高虎らを呼んで大坂城の攻撃の方法を協議している。異説もあるが、且元は先遣隊として大坂城攻撃に参加することになった。その胸中はどんなものだったか。十一月には且元自身が天守などに砲撃を加えたと伝えられ、これが城内に大きな被害を出し、動揺を誘った。十二月中旬和議が成立し、大坂冬の陣は終了した。翌年四月、家康は再度、大坂城を攻め、秀頼母子は自害し、ついに大坂城は落城した。且元は大和の自分の知行地に戻り、寺で養生したあと、京の三条衣棚《ころものたな》の屋敷に入ったが、五月二十八日、死去した。病死とされるが、暗殺説もあり、強いストレスが且元にかかったものと思われる。六月に入って且元の葬儀が大徳寺であり、玉林院に葬られた。

明治の文豪、坪内逍遙《しょうよう》は戯曲『桐一葉《きりひとは》』で且元の忠臣ぶりと淀殿の悲劇を描いた。一方で、江戸期の随筆『翁草《おきなぐさ》』にあるように「且元は忠臣に似た賊臣」との見方も根強い。今も且元は忠臣と賊臣との間をさまよっているかのようだ。

（二〇〇四年五月二十四日）

小堀遠州

1579〜1647

「技」に「美」、異彩放つ

近世初期を代表するテクノクラート（技術官僚）だった小堀遠州《こぼりえんしゅう》は、まずもって武将だったのはいうまでもない。大坂の陣にも参陣したことが知られているが、普請《ふしん》や作事に卓越した才能を発揮し、作庭に異彩を放った。その一方で父から英才教育を受けて茶人としても大成、大名茶の総師として確固たる地位を築いたほか、書、和歌、禅、生け花などにも造詣が深い総合芸術家でもあった。「武」から「文」へと転換する時代に、彗星《すいせい》のように現れた美の巨人だったといえる。

驚異の早熟ぶり

『小堀遠州』（森蘊《おさむ》著）などによれば、遠州は天正年間に現在の長浜市で生まれている。政一《まさかず》（正一）と称したが、慶長年間に「遠江守《とおとうみのかみ》」となってから「遠州」と呼ばれるようになった。父の小堀新介正次《しんすけまさつぐ》は、織田信長によって滅ぼされた浅井長政の家臣だったため、苦労は多かったが、羽柴《はしば》秀長に仕えて検地奉行などをして能吏《のうり》だった。

父は自らが栄達を望めなかったので、息子の出世を願って茶の湯とその必要な知識や教養を一生懸命教えたという。『長浜市史』第2巻（長浜市発行）にもあるが、遠州は十歳の時に千利休に会い、翌日には秀吉の茶の湯の給仕役をしている。その前日には利休が豊臣秀長に茶のけいこをつけるのをそばで見ていた。一生忘れ得ない光景であり、遠州に大きな影響を与えたことだろう。

遠州の茶の湯の師は古田織部《おりべ》であり、禅は大徳寺の老師、春屋宗園《しゅんおくそうえん》だった。いずれも当時、第一級の人物だった。和歌は冷泉為満《れいぜいためみつ》や木下長嘯子《ちょうしょうし》らに学んだ。早くも十六歳で熟達した茶人に交じって茶を楽しめた。こうなるには、さまざまな教養や知識がいるだけに、驚くべき早熟ぶりといえる。

さらに遠州のすごいところは、各分野の師にことごとく気に入られ、さらなる成長を期待され、必ずそれを達成するだろうと思わせる人物だったようだ。儒学者・新井白石《はくせき》著の『藩翰譜《はんかんぷ》』に「藍《あい》より出る青色、世々の先達を超過して、上中下のもてなし、譬《たとえ》を取るに言葉なし」とまで激賞させている。

多忙な有能官僚

遠州が家督《かとく》を継いだのは慶長九（一六〇四）年、二十六歳の時だった。父から備中松山《びっちゅう》を本拠に一万三千石を相続している。備中国は幕府直轄領で鉄や紙の産地だった。『テク

ノクラート　小堀遠州』（太田浩司《ひろし》著）などによれば、鉄の生産と流通を掌握し、怠りなく上方に輸送するのが大事な仕事だった。ここに遠州は十三年以上いたが、同期間に伏見城や名古屋城などの普請、作事奉行として東奔西走《とうほんせいそう》し、備中に一度も帰れない年もあった。

生まれ故郷の近江の国奉行になっても忙しさは変わらなかった。水争いなどのさまざまなもめごとの裁定のほか、国友《くにとも》鉄砲の輸送などで忙しく立ち働く遠州の姿が見られる。江戸屋敷も持っていたが、遠州の生活拠点は伏見だった。家督相続以前から伏見を拠点に行動しており、元和《げんな》年間には伏見奉行を拝命しており、臨終の地も伏見だったことを考えると、やはり伏見に大いなる愛着を持っていたと思われる。

その後、遠州は畿内近国《きんごく》八ヶ国全体の政治に責任を持つようになる。「八ヶ国郡代」「上方《かみがた》郡代」と呼ばれ、近畿全般の訴訟も扱かったので、多忙を極めた。有能な遠州に仕事が集中していく傾向が読みとれる。『長浜市史』第2巻によれば、遠州は当時の公的建造物のほとんどに関与している。朝廷関係では、内裏《だいり》増築工事、後水尾《ごみずのお》院、東福門院御所の作事などであり、幕府関係では名古屋城本丸、大坂城本丸・天守の作事、二条城の改造工事などである。遠州は作庭の名人だったが、言うまでもなくほとんどが幕命によったもので、建築工事に付随して行われたものである。多忙な日々の心のやすらぎに茶の湯や和歌、そして書は欠かせないものとなっていたことだろう。

将軍と茶で交流

遠州の茶匠としての名を決定的にしたのは、寛永十三(一六三六)年の三代家光将軍への献茶だった。これによって遠州は将軍家光の茶道師範的な地位についた。このほか、加賀の前田家など多くの大名茶人を指導し、大名茶の湯の基礎を築き、遠州流茶道の創始者ともなった。また茶器などの鑑定についても当代一流だった。晩年には、直接各地の陶工を指導し、自分好みの作品を作らせ、近江国膳所《ぜぜ》など七ヶ所が「遠州七窯《しちよう》」と呼ばれた。

当時から多くの人が賞賛したのは、遠州の意匠に関する天才的な資質だった。最も芸術的感性を発揮したのは数寄屋《すきや》造りで、存分に個性を発揮し、偉大な芸術家として後世に名を残した。建築史家の伊藤ていじ氏は『歴史の京都』(5)で「数寄屋建築はわび、さびという一種の美意識に徹することから造形が始まる。そこに常に独創性が求められるのだ。(この分野でも)遠州の茶湯芸術で研ぎ澄まされた美的感覚が発揮された」という。伏見奉行時代に一つのエピソードがある。大坂からの茶人らがやってきた。折しも六月の夕立のあとで、庭の樹木の花も葉も美しく輝いている。そして茶室に入ると、花は生けておらず、壁に打ち水の跡が見えるだけだった。「どんな美しい花を生けても夕立の今の美しさにかないません。ご覧の通りです」と遠州は話し、一同声もなく感嘆したという。

交流も幅広かった。将軍家、宮家、有力大名、芸術家、禅僧らと親交を結び、大徳寺の沢庵《たくあん》和尚とも懇意《こんい》で、遠州がようかんなどの和菓子を贈っている。歴史学者の桑田忠親《ただちか》氏は遠州について「時代的にも、環境的にも、はなはだ恵まれた芸術家だった」と指摘しており、こうした環境が遠州の芸術をおおらかな、気品の高いものにしたと思われる。利休・織部相伝のさびを本とし、これに王朝趣味的な綺麗《きれい》さを加味させた——と説明される「綺麗さび」という概念も創出した。

一方で、孤篷庵《こほうあん》をはじめ多くの遠州好みとされる名庭を残した。書でも、当時、藤原定家流が大ブームだったが、そのブームの中心にあったのが遠州だった。天才肌、万能、異彩の仕事ぶりなどの形容が似合う、際立つ個性の持ち主だった。行政官僚として忙しく立ち働く日々を苦にせずに、その仕事のなかに精緻《せいち》な芸術性を発揮した。日常的にも茶の湯などを通じて高い精神性をもって生き続けた姿勢は目の覚める思いだ。やはり武将としての覚悟と志がその根底を支えていたと言わざるを得ない。

（二〇〇四年五月三十一日）

初出　二〇〇三年六月から二〇〇四年五月まで京都新聞に「京近江　武将群像」として連載

京近江《きょうおうみ》の武将群像　　淡海《おうみ》文庫59

2017年９月15日　第１刷発行　　N.D.C.281

編　者　京都新聞社

発行者　岩根　順子

発行所　サンライズ出版株式会社
〒522-0004 滋賀県彦根市鳥居本町655-1
電話 0749－22－0627
印刷・製本　サンライズ出版

ISBN978-4-88325-187-2　Printed in Japan　定価はカバーに表示しています
乱丁・落丁本はお取り替えいたします。

淡海《おうみ》文庫について

「近江」とは大和の都に近い大きな淡水の海という意味の「近（ちかつ）淡海」から転化したもので、その名称は「古事記」にみられます。今、私たちの住むこの土地の文化を語るとき、「近江」でなく、「淡海」の文化を考えようとする機運があります。

これは、まさに滋賀の熱きメッセージを自分の言葉で語りかけようとするものであると思います。

豊かな自然の中での生活、先人たちが築いてきた質の高い伝統や文化を、今の時代に生きるわたしたちの言葉で語り、新しい価値を生み出し、次の世代へ引き継いでいくことを目指し、感動を形に、そして、さらに新たな感動を創りだしていくことを目的として「淡海文庫」の刊行を企画しました。

自然の恵みに感謝し、築き上げられてきた歴史や伝統文化をみつめつつ、今日の湖国を考え、新しい明日の文化を創るための展開が生まれることを願って一冊一冊を丹念に編んでいきたいと思います。

一九九四年四月一日